Oldenburger Thronanwärter.

Von

Dr. Hermann Rehm

Professor der Rechte in Strassburg i. E.

MÜNCHEN 1905.

J. Schweitzer Verlag (Arthur Sellier).

Oldenburger Thronanwärter.

Von

Dr. Hermann Rehm

Professor der Rechte in Strassburg i. E.

MÜNCHEN 1905.

J. Schweitzer Verlag (Arthur Sellier).

Druck von C. Brügel & Sohn, Ansbach.

Inhaltsverzeichnis.

Erster Teil.

Herzog Ernst Günther zu Schleswig-Holstein.

Zweiter Teil.

Graf Alexander von Welsburg.

Dritter Teil.

Schlussbetrachtung.

Erster Teil.

Herzog Ernst Günther zu Schleswig-Holstein.

§ 1.

Das Thronfolgegesetz vom 19. Oktober 1904.

I. Durch Gesetz vom 19. Oktober 1904 hat der Staat Oldenburg die Bestimmungen seiner Verfassung über die Thronfolge im Grossherzogtum einer Ergänzung teilhaftig werden lassen. Ihr Zweck war, grundgesetzlich Vorsorge auf den Fall zu treffen, dass aus dem gegenwärtigen Herrscherhause in Oldenburg Regierungsanwärter nicht mehr zur Verfügung stünden.

Irrig wäre zu glauben, der oldenburgische Gesetzgeber habe die gewollte Absicht erreicht. Die oldenburgische Thronfolgeordnung ist heute nicht geklärter und sicherer als zuvor. Im Gegenteil verwickelter. Zu den sonstigen Gegensätzen ist noch ein Streit zwischen den beiden Sonderburger Linien getreten.

Das meint nicht bloss ein Parteigänger, dem man sofort geneigt sein wird einseitige Beurteilung der Sachlage vorzuhalten. Das ist auch die Auffassung unbeteiligter Dritter. Die „Nachrichten für Stadt und Land" in Oldenburg, die angesehenste Zeitung im Lande und durchaus selbständig und unabhängig, schreiben gelegentlich eines Jahresrückblickes in ihrer Nr. 205 vom 31. Dez. 1904: „Wir wollen hoffen, dass spätere Landtage nicht einmal in die Lage kommen, dem 29. Landtage seine Handlung als eine übereilte vorzuwerfen."

Und auch den Grund, warum das erstrebte Ziel nicht erreicht war, gibt das erwähnte Blatt zutreffend an, wenn es in einem Begleitbericht über die entscheidende Sitzung des 29. Landtages in dieser Sache am 8. Oktober 1904 bemerkt, die Frage sei vom Landtage ein wenig dem gordischen Knoten ähnlich gelöst worden[1]).

In der Tat, das ist die Ursache des verfehlten Ergebnisses: die Angelegenheit wurde und zwar von Landtag und Regierung oder

[1]) Ebenso spricht Tezner, Die Successions- und Verwandtenrechte des Prinzen Alexander von Oldenburg genannt Graf von Welsburg auf Grund des derzeitigen Oldenburgischen Staats- und Hausrechtes, 1905 S. 64, 61, 17 von „Willkür". — Die Abhandlung ging mir erst während der Drucklegung zu.

richtiger von Regierung und Landtag nicht organisch ausgetragen, sondern mechanisch unterdrückt. Man entschied durch die Kraft einseitiger Willenserklärung, was seinem Wesen nach nur im Wege friedlichen Ausgleiches erledigt zu werden vermochte. Ausschliesslich von einem Gesichtspunkte aus wurde behandelt, was seiner Natur nach allseitige, erschöpfende Erörterung forderte. Hinter Sympathie, Zweckmässigkeit und Macht mussten Recht und Gerechtigkeit zurücktreten. Das kann ohne Überhebung und Anmassung gesagt werden: würde das Haus Augustenburg sich in der glücklichen Lage befinden, zu den regierenden Familien Deutschlands zu rechnen, dann wäre die ganze Frage nicht durch einseitigen Machtspruch und nicht zum Nachteile jenes Hauses entschieden worden[1]).

II. Man wird einwenden: die Angelegenheit wurde als eine rechtliche behandelt. Die Antwort fällt nicht schwer: nur sehr scheinbar.

Denn das nächste wäre dann doch gewesen, in eine schiedsgerichtliche Entscheidung der Rechtsfragen und einen gütlichen Austrag des Ganzen zu willigen.

A. 1) Behauptung stand gegen Behauptung. Hier wurden Rechte bejaht und dort verneint. Und die Rechte waren nicht mutwillig in Anspruch genommen. Es hat eine Zeit gegeben, wo Staat und Haus in Oldenburg nicht anders wussten, als dass Sonderburgische Thronanwartschaften in Wahrheit existierten. Das erste Staatsgrundgesetz sprach in seinem ursprünglichen Entwurfe vom 5. Juli 1848 — siehe Sammlung der Gesetze u. s. w. für das Fürstentum Birkenfeld, hsgg. von Barnstedt VIII S. 131 — zwar aus, Oldenburg solle für immer unteilbar sein, aber zur Nachfolge berufen wurde der Mannesstamm des ganzen „oldenburgischen Fürstenhauses", also nicht bloss die gegenwärtig regierende Linie, sondern auch der ältere Zweig der Familie Schleswig-Holstein-Gottorp und die Sonderburger Linien. Grossherzog Nikolaus Friedrich Peter von Oldenburg war von den Rechten der Sonderburger Linien auf die Grafschaften Oldenburg und Delmenhorst so sehr überzeugt, dass er nach dem Ableben König Friedrichs VII. von Dänemark (15. Nov. 1863) allen Ernstes an eine Abdankung dachte.

Gegenüber diesen und anderen Erscheinungen, worauf Bornhak im Archiv für öffentl. Recht Bd. XIX (1904) S. 201 ff. und ich in den Annalen des Deutschen Reiches 1904 S. 321 ff. und 576 ff. hinwiesen, beruft sich die oldenburgische Staatsregierung auf die

---

[1]) Ähnliches denken schon die Abgeordneten des V. allg. oldenb. Landtags von 1852 (vergl. Stenogr. Berichte über d. Verhdlgn. S. 239, 242, 243). Man fürchtet die Macht Dänemarks (als Hilfe des Augustenburgers) und die Macht Russlands.

von oldenburgischer Seite 1865 veröffentlichte Widerlegung der vermeintlichen Sonderburger Erbansprüche. Nach der Erklärung des oldenburgischen Staatsministeriums in der Kreuzzeitung vom 27. März 1904 Nr. 147 Beilage 2 soll diese Widerlegung „die völlige Haltlosigkeit“ Sonderburger Thronanrechte dargetan haben.

So gut wie uns war auch der grossherzoglichen Staatsregierung bekannt, dass jene Widerlegung seitens der Wissenschaft damals einmütige Zurückweisung erfuhr. Um nur Einiges anzuführen: In den Verhandlungen des preussischen Kronsyndikats über die Schleswig-Holsteinische Frage konnte ausweislich des „Rechtsgutachtens“ des Kronsyndikats vom 11. Sept. 1865 S. 157 nach wie vor gesagt werden: Bei der Abtretung der Grafschaften Oldenburg und Delmenhorst durch Dänemark an die Gottorper sei ausser Streit gewesen, dass beim Aussterben der Königlichen Linie (1863) die Sonderburger zur Succession in die Grafschaften berufen seien. Der Referent des Kronsyndikates über die ganze Frage, Heffter, hat in seinem am 8. Mai 1865 erstatteten schriftlichen Referat — über dieses siehe Jansen und Samwer, Schleswig-Holsteins Befreiung 1897 S. 487 — eingehend die Rechte der Augustenburger nachgewiesen. Wäre das nicht der Fall, dann hätte das Kronsyndikat der Ansprüche des Sonderburger Hauses auf die genannten Grafschaften mit einer entschiedeneren Wendung gedacht, als der — S. 158 —, dass sie eine Frage beträfen, die mit den Successionsrechten an Schleswig-Holstein an und für sich nichts zu tun habe. Denn hold waren die Anschauungen der Mehrheit der Kronsyndici den von Augustenburger Seite vertretenen Rechtsauffassungen bekanntermassen nicht. Nicht minder durfte die Oldenburger Staatsregierung gewusst haben, dass H. A. Zachariae in einer 1863 erschienenen Schrift „Staatsrechtliches Votum über die Schleswig-Holsteinsche Successionsfrage und das Recht des Augustenburgischen Hauses“ S. 25f. und 41f. bestimmt und gründlich für die Anrechte der Sonderburger Linien auf Oldenburg und Delmenhorst eingetreten war.

Das Alles hielt die gegenwärtige Staatsleitung in Oldenburg keiner Erwiderung für wert. In der ersten Vorlage an den Landtag vom 16. Febr. 1904 — s. Anlage 34 des XXVIII. Landtages 2. Versammlung — geschah der Rechte des Augustenburger Hauses überhaupt keine Erwähnung, obwohl man um die Absicht ihrer Geltendmachung wusste. Und als dann in der Zeit zwischen der ersten und der zweiten Vorlage — im Sommer 1904 — erneut für die Rechte des Augustenburger Hauses eingetreten ward, da hatte das lediglich die Wirkung, dass diesen Ausführungen ein Abdruck jener 1865 veröffentlichten Widerlegung gegenübergestellt wurde (Anlage 1 des XXIX. Landtages 1. Vers. 1904 Anhang C). Eine selbständige Widerlegung war somit für überflüssig gehalten. Gewiss ein Beweis, dass die Frage nicht als Rechtsfrage behandelt werden wollte.

2) Und dann das Andere. Zu einem gütlichen Ausgleich bot man nicht die Hand, obwohl die Angelegenheit ihrem Wesen nach eine solche Erledigung forderte.

Alle dem gegenwärtigen Herrscherhause in Oldenburg nicht angehörigen Thronanwärter, diejenigen der älteren Gottorper Linie, wie die der Sonderburger Zweige, konnten Ansprüche nur für einen Teil des Grossherzogtums erheben. Dass der Staat Oldenburg deshalb sich in Teile zerlege, war eine undenkbare Zumutung. Jede der beteiligten Seiten, Anwärter und Staat, mussten in etwas nachgeben.

Wurde die Möglichkeit eines Wegfalles von Kronanwärtern aus dem dermalen regierenden Geschlechte dadurch der Verwirklichung etwas näher gerückt, dass die Angehörigen der in Russland lebenden Nebenlinie dieser Dynastie auf ihr Nachfolgerecht Verzicht leisteten, so durfte vom Hause Augustenburg als dem für die alten Grafschaften dann nächstberechtigten Teile ein weiteres Entgegenkommen erwartet werden. Wollten jene russischen Oldenburger nur zu gunsten des ihnen — allerdings bloss kognatisch — näher verwandten Herzogs Friedrich Ferdinand zu Sonderburg-Glücksburg, seiner Abkömmlinge und seines Bruders, verzichten, so konnte demgemäss an die ältere Sonderburger Linie gewiss das Ansinnen gestellt werden, mit ihrem Vorrecht auf einen Teil hinter den jüngeren Ast ihres Hauses zurückzutreten, aber andrerseits war ihr dann ein Erbrecht auf das ganze Grossherzogtum nach dem Glücksburger Zweige einzuräumen.

Allein nicht einmal dieses Zugeständnis wurde dem Hause Augustenburg gemacht. Nicht nur dass ihm sein Anrecht vor dem russischen Kaiserhause auf die alten Gebietsteile unanerkannt blieb, es blieb ihm auch jede Einräumung von Nachfolgerechten für das Ganze hinter der Linie Glücksburg versagt. Allerdings ist der Wortlaut der Verzichtsurkunden der russischen Nebenlinie wie überhaupt, ob sie in rechtlich bindender Weise Verzicht übte, nicht veröffentlicht. Aber kundgemacht ist das unter Zustimmung eines dieser Agnaten abgeschlossene Abkommen des Grossherzogs von Oldenburg mit dem Herzog Friedrich Ferdinand zu Sonderburg-Glücksburg vom 29. Mai 1904 — siehe XXIX. Landtag, 1. Vers. 1904 Anlage 1 Anhang D —, ferner das diesem Abkommen entsprechende unter Mitwirkung dieser russischen Mitglieder des Grossherzoglichen Hauses zu stande gekommene neue Hausgesetz vom 19. Okt. 1904 — vergl. Gesetzblatt f. d. Herzogtum Oldenburg 35. Bd. S. 231 ff. — und vor allem die Urkunde des Zaren vom 29. Aug. 1903 — siehe Archiv f. öfftl. Recht 19. Bd. S. 211 ff. —, inhaltlich deren das russische

Kaiserhaus alle seine angestammten Erbrechte an dem als Herzogtum Oldenburg bezeichneten Landesteile an die Nachkommen des am 27. Nov. 1885 verschiedenen Herzogs Friedrich zu Sonderburg-Glücksburg abtrat.

Aus diesen Schriftstücken insgesamt lässt sich der Schluss ziehen, dass alle Agnaten des Hauses Gottorp jüngerer Linie dem Zweige Augustenburg kein Erbrecht hinter dem Aste Glücksburg zugestanden haben wollten.

Der Kaiser von Russland spricht in Art. II seines Cessionsbriefes aus: die Glücksburger Linie solle die abgetretenen Rechte nur in Gemeinschaft mit der Regierung des Grossherzogtums weiter übertragen können und die Rechte sollen an das russische Kaiserhaus zurückfallen, falls eine solche weitere Übertragung bei einem etwaigen Aussterben des Mannesstammes der genannten Glücksburger Linie bezw. seinem Ausscheiden aus der Regierung des Grossherzogtums nicht erfolgt sein würde. Dem Hause Glücksburg ist somit eine Abtretung seines Anrechtes vor Anfall an die Linie Augustenburg vertragsmässig verboten. Es ist anzunehmen, dass der gleiche Vorbehalt den Verzichtserklärungen der russischen Nebenlinie des grossherzoglichen Hauses anhängt. Wenigstens spricht dafür der Inhalt der weiter angezogenen Urkunden, der Übereinkunft vom 29. Mai und der Hausgesetznovelle vom 19. Okt. 1904. Übereinstimmend ist in ihnen verfügt: sollte das genannte Haus Glücksburg nach dem Erlöschen des Mannesstammes des grossherzoglichen Hauses nicht zur Regierung des Grossherzogtums gelangen oder später aufhören, in demselben zu regieren, so geht das Hausfideikommiss an die weibliche Linie des grossherzoglichen Hauses über. Hätte der Augustenburger Linie ein Nachfolgerecht hinter dem Glücksburger Zweige zugestanden werden wollen, so würde jene Verfügung nicht die Einwilligung der herzoglichen Nebenlinie in Russland gefunden haben.

Eine solche Stellungnahme ist zu verstehen bei den Mitgliedern des grossherzoglichen Hauses und den Agnaten der älteren Gottorper Linie. Sie konnten ausschliesslich verwandtschaftliche Rücksichten walten lassen. Aber nicht vereinbaren lässt sich eine derartige Kundgebung des Willens mit der Haltung, welche dem Staats- und Familienhaupte und seinen verantwortlichen Ratgebern vorgezeichnet war, wenn sie die ganze Angelegenheit als eine rechtliche behandelt wissen wollten. Dann war es nicht angängig, den Rechtsverwahrungen der Mitglieder des Hauses Augustenburg eine Erklärung gegenüber zu stellen, aus welcher der Landtag im Wege der Schlussfolgerung leicht zu entnehmen vermochte: finanziell günstiger für das Land ist eine grundgesetzliche Einräumung des Nachfolgerechts über das ganze Grossherzogtum an die Glücksburger Linie.

Schon die Ausführung der Staatsregierung in den Ausschussverhandlungen — siehe XXIX. Landtag 1. Vers. Anlage 16 —, dass ein Verzicht der russischen Nebenlinie zu gunsten eines anderen als des Glücksburger Hauses nicht herbeigeführt werden könne, musste die Entscheidung der Landstände erheblich beeinflussen. Die Übertragung der Herrschaft an die genannte Familie war dann der Preis, um welchen der Nachteil einer Regierungsnachfolge ausländischer Prinzen abgewendet war.

Zu dieser Kundgebung, welche die Einräumung der Nachfolgerschaft über den ganzen Staat an das Haus Glücksburg dem Parlamente politisch zweckmässiger erscheinen lassen musste, trat nun jene zweite Regierungsäusserung. Ihr Sinn war: wenn die Successionsanwartschaft für das Ganze der jüngeren Sonderburger Linie grundgesetzlich, also vom Staate zugesprochen wird, so beschliesst das grossherzogliche Haus: Übertragung des Hausfideikommisses an diese Linie unter Zurücksetzung der weiblichen Glieder des grossherzoglichen Hauses; erhält dagegen die ältere Sonderburger Linie, die Linie Augustenburg, jene Anwartschaft vom Staate zugesprochen, dann geht das Hausfideikommiss auf die Kognaten der grossherzoglichen Familie über, entbehrt daher das neue Herrscherhaus der Renten dieses Fideikommisses und droht so dem Lande eine Steigerung der Ausgaben für den Unterhalt des landesfürtlichen Hauses.

Das dürfte genügen, um nachzuweisen, dass die Regierung mit nichten bestrebt war, die Thronfolgeangelegenheit zuvörderst als eine rechtliche behandelt zu sehen. Sie hat sich nicht bloss den Nachweis beträchtlich leicht gemacht, dass der Augustenburger Linie keine Anrechte, auch nicht solche auf einen Teil, zustehen, sondern sie war auch darauf bedacht, der Volksvertretung nahe zu legen, den Schwerpunkt der Entscheidung nicht in den juristischen Fragen der Angelegenheit zu suchen.

B. Wie die Regierung, so auch der Landtag.

Wohl stellt der Ausschuss in seinem Berichte an das Plenum — Anlage 16 des XXIX. Landtages 1. Versammlung — einen Rechtsgrundsatz an die Spitze: der Staat braucht die Frage, ob irgend welche agnatische Ansprüche vorhanden sind, gar nicht zu prüfen; selbst wenn solche bestehen, kann Fürst und Landtag an ihnen unbeachtet vorübergehen, weil die Regelung der Thronfolge im konstitutionellen Staatswesen ausschliesslich Staatssache ist. Aber die Beratungen im Plenum — Sitzung vom 7. Okt. 1904 — ergeben, dass auch bei den Abgeordneten in erster Linie Zweckmässigkeitserwägungen obwalten. Der Glaube an die Richtigkeit jenes Rechtsgrundsatzes erweist sich als ein nicht übermässig fester.

Es ist der Abgeordnete Burlage, welcher gegen jene Rechtsbehauptung einwendet, aus ihr folge, dass, falls ein erbfolgeberechtigtes Mitglied des bereits regierenden Fürstenhauses, z. B. ein Erbgrossherzog, missliebig würde, dieses durch Regierung und Landtag von der Thronfolge ausgeschlossen werden könne. Sofort wurde ihm von den Ausschussmitgliedern v. Hammerstein und Koch erwidert, ein missliebiger Erbgrossherzog, der auf Grund der Verfassung Erbgrossherzog sei, dürfe vom Fürsten und einem ergebenen Landtag nicht von der Thronfolge ausgeschlossen werden; Fürst und Landtag müssten allerdings immer das Recht haben die Thronfolge zu regeln, aber dieses Recht dürfe nur in zwingenden Fällen Anwendung finden. Allein ist damit das Prinzip nicht beseitigt? Warum sollen Fürst und Landtag agnatische Ansprüche, welche auf Hausrecht beruhen, beseitigen können, solche, welche auf die Verfassung sich gründen, nicht? Und lag 1904 ein zwingender Fall vor, wo es sich um Anerkennung und Nichtanerkennung von Thronfolgerechten handelte, deren Verwirklichung nur in sehr entfernter Möglichkeit steht? Bildet die Frage des Ausschlusses eines Erbgrossherzogs nicht einen viel zwingenderen Fall?

Kurzum wir sehen: das Prinzip macht nicht den Eindruck, als sei es ein solches des geltenden Rechtes. Nehmen wir hinzu, dass Minister Willich in der nämlichen Sitzung Veranlassung nahm zu erklären, die Frage, ob die Regelung der Thronfolge von Fürst und Landtag ohne Rücksicht auf etwaige agnatische Ansprüche vorgenommen werden könne, sei in der Staatsrechtslehre eine noch nicht ausgetragene [1]), so kann es nicht wunder nehmen, wenn beteiligte und unbeteiligte Dritte meinen, die Angelegenheit sei von den gesetzgebenden Faktoren Oldenburgs in ihrer rechtlichen Bedeutung nur sehr nebensächlich gewürdigt worden und die Art ihrer Behandlung seitens der massgebenden Organe in Oldenburg daher nicht geeignet, den guten Glauben an die Rechte des Augustenburger Hauses zu erschüttern.

§ 2.

Die Rechtsbeständigkeit der Augustenburger Ansprüche.

I. Es kann nicht unsere Aufgabe sein, die Augustenburger Ansprüche hier wiederholt nachzuweisen. Dies ist in den weiter oben angeführten Abhandlungen, in der Deutschen Juristenzeitung 1904 S. 417ff., in der Protestbegründung des Herzogs Ernst Günther zu Schleswig-Holstein vom 5. Juli 1904 und der ihr anliegenden Denkschrift — s. XXIX. Landtag 1. Vers. Anlage 1, Anlage B und Nebenanlage —, sowie in einem Artikel der Köln. Zeitung vom 22. Sept. 1904 Nr. 971 geschehen.

[1]) Im V. oldenb. Landtag (1852) bemerkte Abg. Selckmann in gleicher Weise, Art. 1 § 2 des Staatsgrundgesetzes lasse die oben im Text berührte Frage offen. Stenogr. Berichte S. 243.

Nur die springenden Punkte seien hervorgehoben, weil der Abgeordnete Burlage in der erwähnten Sitzung v. 7. Okt. 1904 — allerdings ohne Angabe von Gründen — erklärte, jene Ansprüche seien „völlig haltlos".

Wir schicken ein Verwandtschaftsbild voraus:

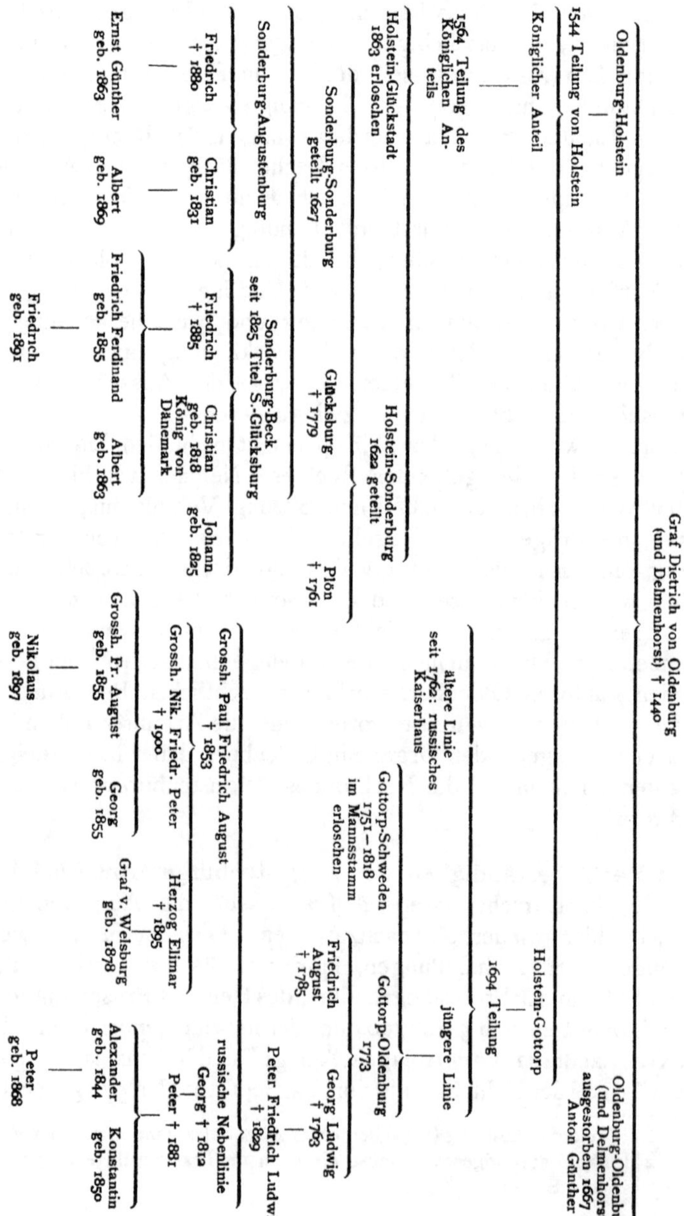

II. Mit dem Grafen Anton Günther starb 1667 der jüngere Teil des Hauses Alt-Oldenburg aus. Der dem Grade nach nächste Agnat war der Herzog von Holstein-Sonderburg-Plön. Er erwarb also die Grafschaften Oldenburg und Delmenhorst, um sie aber 1671 teilweise, 1676 ganz an Holstein-Glückstadt d. h. den König von Dänemark abzutreten. Vereinbart wurde dabei ein Rückfall der Gebiete bei Aussterben des Mannsstammes von Holstein-Glückstadt, was 1863 eintrat. Fraglich ist, ob der Rückfall nur zu Gunsten der Linie Sonderburg-Plön oder zum Vorteil aller Sonderburger Linien verabredet wurde.

Den stärksten Beweis für letzteres liefert der Vergleich zwischen dem Hause Holstein-Gottorp und Holstein-Plön vom 16. April 1681. Hiedurch erfährt der Streit sein Ende, den der Herzog von Plön während mehr als zwei Jahrzehnte um das Erbe von Oldenburg und Delmenhorst mit dem Zweige Holstein-Gottorp hatte ausfechten müssen. Holstein-Gottorp verspricht, auf alle Ansprüche an die Grafschaften Oldenburg und Delmenhorst zu verzichten, „es sei denn, dass nach Abgang der königlichen, auch fürstlich Holstein-Plönischen und zugehöriger Agnaten männlicher Familie dem fürstlichen Hause Holstein-Gottorp die Succession an den Grafschaften und inkorporierten Landen wieder zuwüchse". Wie lässt sich denken, dass der Zweig Gottorp auf eine Nachfolge in die genannten Grafschaften bis zum Abgang aller Sonderburger Agnaten verzichtete, wenn Dänemark und Plön einen Rückfall lediglich an die Linie Sonderburg-Plön vereinbart gehabt hätten! Warum sollte Holstein-Gottorp, das seine gegenwärtigen Ansprüche auf die Grafschaften erst nach zwanzigjährigem Rechtsstreite aufgab, seine zukünftigen Anrechte auf diese Gebiete zeitlich weiter hinausgeschoben haben, als es dieselben nach Lage der Sache hinausschieben musste? Dazu kommt: Der Kaiser erteilte dem König von Dänemark die Lehnbriefe für beide Grafschaften 3. Sept. 1671 und 5. Febr. 1680 unter der allgemeinen Klausel: „Männiglich an seinen Gerechtigkeiten unergriffen und unschädlich." Die Rückfallsansprüche aller Sonderburger Linien sind damit gewahrt. Vergl. jene Lehnbriefe bei Ostwald, Zur Würdigung der Schrift „Zweite polem. Erörterung über die schlesw.-holst. Staatssuccession. Von Michelsen". II. Teil: Urkundliche Beilagen 1848 Nr. XVII u. XX.

III. Die Sonderburger Linien haben des weiteren aber niemals auf ihre Anwartschaftsrechte verzichtet. Es liegt keine Handlung oder Unterlassung derselben vor, aus welcher mit Sicherheit auf solchen Verzichtswillen geschlossen werden könnte.

Selbst wenn zutreffend wäre, der Herzog von Sonderburg-Augustenburg habe den Anspruch 1863 dadurch geltend gemacht, dass er damals Erbrechte an dem „Äquivalent“ für Oldenburg und Delmenhorst, d. h. an dem Teile Holsteins erhob, welchen das Haus Gottorp 1773 gegen den Erwerb der beiden Grafschaften an Dänemark hingab, so würde dies doch nur eine Geltendmachung erfüllungshalber, niemals eine solche an Erfüllungsstatt gewesen sein.

Allein der Herzog von Augustenburg hatte in jenem Jahre keineswegs die Absicht, jenen Rückfallsanspruch zu erheben. Nicht vergessen darf werden: der letztere ging doch bloss auf einen Teil des Grossherzogtums. Eine Durchsetzung desselben setzte daher eine Verständigung mit dem Staate Oldenburg voraus.

In dem Staatsgrundgesetz vom 18. Febr. 1849 war Oldenburg für einen unter einer Verfassung vereinigten unteilbaren Staat und die Landesregierung erblich im Mannesstamme des Herzogs Peter Friedrich Ludwig erklärt. In dem revidierten Staatsgrundgesetz vom 22. Nov. 1852 war Unteilbarkeit des Gebietes für die Zeit der Regierung der Nachkommen des genannten Herzogs ausgesprochen. Indem das Herzoglich Sonderburgische Haus gegen diese Satzungen nicht Einspruch erhob, verzichtete es auf Geltendmachung seiner Rückfallsrechte für den Fall, dass die Holstein-Glückstadtische Linie vor dem Abgange des Mannesstammes Herzog Peter Friedrich Ludwigs agnatisch erlöschen sollte. Die Erhebung seiner Ansprüche sollte daher auf den Zeitpunkt des Ausscheidens der Nachkommen jenes Herzogs vertagt sein.[1]) Für diesen Zeitpunkt war dann die Frage, ob Teilung eintreten oder die Unteilbarkeit fortbestehen solle. Die Frage wurde im Jahre 1904 aktuell. Sofort trat das Haus Augustenburg mit seinen Ansprüchen hervor und suchte Verständigung. Allein vergebens. Es wurde ihm weder Nachfolge in das Ganze verliehen noch Nachfolge für Teile anerkannt, vielmehr der Mannesstamm des 27. Nov. 1885 verstorbenen Herzogs Friedrich zu Schleswig-Holstein-Sonderburg-Glücksburg zur Succession in das Ganze berufen. Nur ein Vorteil blieb: die Unteilbarkeit des Grossherzogtums wurde nicht für immer, auf unbestimmte Zeit, sondern lediglich für die Dauer der Regierung der Nachkommen des gedachten Herzogs zu Glücksburg ausgesprochen.

IV. Dass in dieser Regelung nicht eine Vernichtung, sondern nur eine rechtswidrige Verletzung der Augustenburger Rechte liegt, folgt aus der Selbständigkeit des alt-oldenburgischen oder holsteinischen Hausrechtes gegenüber dem oldenburgischen Staatsrecht. A. M. Tezner S. 59.

---

[1]) Vergl. Protest-Begründung des Herzogs Ernst Günther v. 5. Juli 1904 in XXIX. Landt. 1. Vers. 1904 Anlage 1 S. 5 und Stenogr. Berichte über die Verhdlgn. des V. Landt. für das Grossh. Oldenburg 1852 S. 238 u. 239 (Abg. Mölling u. Rüder).

Ich habe diese Unabhängigkeit des fürstlichen Haus- vom staatlichen öffentlichen Recht hier nicht des näheren zu erweisen.

Nur ein Analogon sei hier verstattet.

Gewiss bildet die Krone heute eine Einrichtung des Staates und bedeutet das subjektive Thronrecht nur ein Recht auf Organstellung im Staate. Der Staat kann den Thron beseitigen, seine Verfassungsform ändern. Aber solange der Thron besteht, können an ihm durch den Staat nicht entziehbare, weil auf Hausrecht sich gründende, Befugnisse und Anwartschaften existieren. Es liegt hier nichts anderes vor als im Erbrecht. Obwohl Erbrechte, solange der Erblasser noch nicht gestorben, Rechte darstellen, welche sich auf das Vermögen eines Dritten beziehen, ist doch deren Existenz möglich.[1]) Gemäss § 312 Abs. 2 des B. G. B. können künftige gesetzliche Erben über den gesetzlichen Erbteil oder den Pflichtteil, welcher einem von ihnen an dem Nachlass eines noch lebenden Dritten zusteht, durch Verträge verfügen. Solche Verträge haben ohne Zustimmung dieses Dritten unter den Parteien Kraft, ein Hoffnungsverkauf oder ähnliches ist gegeben. Ebenso besitzen dem Staatsrecht widersprechende Hausverträge über Rechte am Staatsthron unter den fürstlichen Parteien rechtliche Wirkung und der deutsche Einzelstaat muss sie sogar gegen sich gelten lassen, wenn sie auf vorkonstitutionelles Hausrecht zurückgehen.[2])

§ 3.

Die zukünftige Thronfolgeordnung in Oldenburg.

I. Auch wenn wir zunächst davon absehen, dass ohne Einwilligung des Hauses Augustenburg dessen Anrechte vom Staate Oldenburg nicht beseitigt, sondern nur verletzt zu werden vermögen, ergibt das oldenburgische Thronfolgerecht ein ganz anderes Bild, als die parlamentarischen Verhandlungen über das neue Thronfolgegesetz vermuten lassen.

---

[1]) Dies gegenüber dem Einwande von Schücking im „Jur. Literaturblatt“ 1905 S. 4.

[2]) Jellinek hat in einem der Schaumburg-Lippeschen Regierung 1901 erstatteten, als Manuskript gedruckten Gutachten über die Frage: Können den Agnaten ihre Rechte auf Thronfolge nach deutschem Staatsrechte durch ein Landesgesetz wider ihren Willen entzogen werden? ausgeführt, unmöglich sei dies, wo Hausgesetze heute noch agnatischer Mitwirkung bedürften. Denn die Agnaten seien da Organe einer staatlichen Spezialgesetzgebung, Staatsorgane (so schon im „System der subj. öff. Rechte“ 1892 S. 178). Von anderem abgesehen scheitert diese Konstruktion an der zu der Wirklichkeit im Gegensatz stehenden Konsequenz, dass folgerichtig der Verzicht eines einzelnen Agnaten auf Nachfolgeanwartschaften der Zustimmung aller Agnaten, eines Hausgesetzes, zu seiner Gültigkeit bedürfte.

A. Das Gesetz vom 19. Okt. 1904 ergänzt Art. 17 § 1 der oldenburgischen Verfassung wie folgt: „Nach dem Abgange des Mannesstammes des Herzogs Peter Friedrich Ludwig geht die Erbfolge in die Landesregierung auf den Mannesstamm des am 27. Nov. 1885 gestorbenen Herzogs Friedrich zu Schlesweg-Holstein-Sonderburg-Glücksburg . . . über."

Nicht die Begründung der Regierungsvorlage — vergl. XXVIII. Landtag 2. Versammlung Anlage 34 —, aber der Bericht des parlamentarischen Ausschusses — XXIX. Landtag 1. Vers. Anl. 16 — bemerkt: Die russische Linie des grossherzoglichen Hauses habe auf die Erbfolge zu gunsten der Linie Sonderburg-Glücksburg verzichtet; die Übertragung des Thronfolgerechtes an letztere biete demnach die Gewähr dafür, dass Thronfolgeansprüche ausländischer Prinzen und Thronstreitigkeiten ausgeschlossen seien.

Dies erweckt die Vorstellung, als seien die Anrechte der russischen Nebenlinie von Holstein-Oldenburg durch oldenburgisches Staatsgesetz beseitigt.

Hievon ist in keiner Weise die Rede. Die stolze Theorie der Mehrheit der oldenburgischen Landstände, dass die Regelung der Thronfolge nur Landes-, nicht auch Hausangelegenheit sei und durch Fürst und Volksvertretung ohne Berücksichtigung etwa vorhandener agnatischer Rechte erfolgen könne, hat vor den staatsgrundgesetzlichen Erbansprüchen der in Russland lebenden Mitglieder des grossherzoglichen Hauses sehr energisch Halt gemacht, obwohl es gegenüber jenem Satze rechtlich nichts ausmachen kann, ob die agnatischen Anwartschaften nur auf Haus- oder auch auf Staatsgesetz gegründet sind.

Erst nach dem Abgang des ganzen Mannesstammes des Herzogs Peter Friedrich Ludwig beruft die Thronfolgevorschrift vom 19. Okt. 1904 die Glücksburger Verwandten. Staatsgrundgesetzlich sind daher nach wie vor alle Nachkommen jenes Herzogs, somit auch die in Russland ansässigen, thronfolgeberechtigt. Art. 17 § 1 Abs. 1 des Staatsgrundgesetzes: „Die Landesregierung ist erblich im Mannesstamme des Herzogs Peter Friedrich Ludwig" blieb völlig unverändert.

Man wendet ein: Allerdings sind jene Prinzen nicht ausgeschlossen, aber sie haben ihr Erbrecht durch Verzicht verloren.

Auch in dieser Hinsicht besteht keine rechtliche Sicherheit.

Der Begründung der Regierungsvorlage — XXVIII. Landtag 2. Vers. Anl. 34 — zufolge haben nur Herzog Konstantin und Herzog Peter, nicht aber des letzteren Vater Verzicht geleistet. Aus dem Umstand, dass er das Abkommen vom 29. Mai 1904, welches wir früher erwähnten, mitunterzeichnete und als Familienratsmitglied dem Hausgesetze vom 19. Okt. 1904 seine Zustimmung erteilte, ist kein Verzicht des Herzogs Alexander zu entnehmen, denn beide Urkunden sprechen nur von Rechten, welche das Haus Glücksburg nach Abgang des ganzen bisherigen Herrscherhauses besitzen soll.

Dazu kommt: Unaufgeklärt ist, ob die Herzoge Peter und Konstantin ebenso wie das russische Kaiserhaus nur gegenüber der Linie Glücksburg oder auch gegenüber dem Chef ihres Hauses oder gegenüber der oldenburgischen Staatsregierung ihren Verzicht erklärten.

Hätten sie sich lediglich gegenüber dem Herzog von Glücksburg oder lediglich gegenüber ihrem Hause gebunden, so entbehrte ihre Verzichtserklärung gegenüber dem Staate Oldenburg rechtlicher Wirkung.

Aber selbst soferne sie sich gegenüber dem Staate zur Entsagung verpflichteten, ist ihre Regierungsnachfolge solange nicht für alle Zeiten ausgeschlossen, als ihre Erbfolgerechte nicht auch staatsgrundgesetzlich beseitigt sind. Bis jetzt ist rechtlich nicht verhindert, dass die oldenburgische Staatsregierung in eine Zurücknahme der Verzichtserklärung willigt. Man setze z. B. den Fall: Die Veränderung der politischen Verhältnisse Russlands könnte jene Oldenburger veranlassen — Herzog Peter hat bis jetzt auch für seine (noch nicht vorhandenen) Nachkommen verzichtet —, ihren Wohnsitz nach Oldenburg zu verlegen. Der Wunsch, die gegebenen Verzichte wieder aufzulösen, vermöchte dabei sehr leicht rege zu werden.

B. Staatsgrundgesetzlich ist dagegen ausgeschlossen die Nachfolge des russischen Kaiserhauses, diese allerdings völlig, nicht bloss als Nachfolge unmittelbar hinter dem grossherzoglichen Hause. Wohl hat der Gesetzgeber — nach der Entstehungsgeschichte der Novelle vom 19. Okt. 1904 zu schliessen — stillschweigend ein eventuelles Erbrecht der älteren Gottorper nach dem Zweige Glücksburg anerkannt, aber nicht als ein staatsrechtliches, sondern nur als ein hausrechtliches, d. h. als ein solches, welches gegebenenfalls zum staatsgrundgesetzlichen zu erheben der Staat sich bisher nicht verpflichtete. Schon um deswillen nicht, weil jenes eventuelle Nachfolgerecht lediglich für Teile des Grossherzogtums, für das Herzogtum Oldenburg, in Anspruch genommen ist.

Freilich bildet die Zessionsurkunde vom 29. Aug. 1903 keine Beilage des Regierungsentwurfes und ist auch in der schriftlichen Regierungsbegründung und ebenso in den Äusserungen des Parlamentes der betreffende Passus jener Urkunde nicht ausdrücklich erwähnt. Allein da anzunehmen ist, dass der Wortlaut dieses Zessionsvertrages allen Mitgliedern des Landtages zur Kenntnisnahme offen stand, darf vorausgesetzt werden, dass die gesetzgebenden Faktoren um Artikel II des genannten Vertrages wussten, wonach die Erbrechte am Herzogtum Oldenburg an das kaiserlich russische Haus zurückfallen, wenn bei einem etwaigen Ausscheiden der Glücksburger Linie aus der Regierung des Grossherzogtums eine weitere Übertragung jener Erbrechte nicht erfolgt sein sollte. Indem Fürst und Landtag in Oldenburg diesen Teil der Vereinbarung nicht beanstandeten, erkannten sie ihn stillschweigend an, aber nicht als einen solchen, der rechtliche Wirkung auch für den Staat hätte, sondern lediglich als einen hausrechtlichen, nur das russische Kaiserhaus und das Haus Glücksburg rechtlich verbindenden. Denn abgesehen davon, dass es keine stillschweigende Staatsgesetzgebung gibt, war das Vorgehen der gesetzgebenden Organe von Oldenburg in der ganzen Angelegenheit doch von dem Gedanken beherrscht, eine Nachfolge des russischen Kaiserhauses für alle Zeiten staatsgrundgesetzlich auszuschliessen, nicht allerdings deswegen, weil es das russische Kaiserhaus ist — denn durch dessen Munifizenz hatte die gegenwärtig in Oldenburg regierende Dynastie die Herrschaft daselbst überhaupt erhalten —, sondern weil es eine nichtreichsangehörige Regentenfamilie darstellt.

C. Nach alledem sind staatsgrundgesetzlich zur Zeit zur Nachfolge berufen:

1. Der Mannesstamm des Grossherzogs Paul Friedrich August († 1853);
2. der Mannesstamm des Herzogs Georg († 1812): russische Nebenlinie;
3. der Mannesstamm des 1885 verstorbenen Herzogs Friedrich zu Glücksburg.

Hätte der Staat Oldenburg die Verzichtserklärungen der russischen Nebenlinie zu solchen machen wollen, welche ohne Zustimmung des oldenburgischen Landtages unauflösbar sind, so wäre es notwendig gewesen, auf Grund dieser Verzichte jene Nebenlinie durch Verfassungsgesetz auszuschliessen, so wie es der Staat Sachsen-Koburg-Gotha mittelst Gesetzes vom 15. Juli 1899 gegenüber den Verzichten des Herzogs und des Prinzen von Connaught und des Prinzen von Wales tat. Vergl. Archiv f. öffentl. Recht XIX S. 234.

Da dies nicht geschah, besteht nach wie vor eine Unsicherheit in der Thronfolge. Dazu kommt, dass infolge stillschweigender Anerkennung eines etwaigen Rückfalls des Herzogtums Oldenburg an die ältere Gottorper Linie auf Grund Hausvertrages ein starker politischer Druck auf den Staatsgesetzgeber der Zukunft ausgeübt ist, dieser Linie nach Glücksburg die Nachfolge in die Regierung des Grossherzogtums staatsgesetzlich einzuräumen. Vor allem aber bringt Unsicherheit, dass mit dem Hause Augustenburg keine Verständigung versucht wurde.

II. Das Unternehmen liegt ja vor, die Ansprüche dieser Familie mit aller Kraft zu verneinen.

Es geschah staatsrechtlich und hausrechtlich.

A. Die Zusatzbestimmung zum Staatsgrundgesetz vom 19. Okt. 1904 beruft nach dem Abgange des Mannesstammes der gegenwärtigen Dynastie die männlichen Nachkommen des Herzogs Friedrich von Glücksburg. Staatsrechtlich verneint sind also 1. der Rückfallsanspruch des Hauses Augustenburg auf die Grafschaften Oldenburg und Delmenhorst vor dem grossherzoglichen Hause, auf dessen Geltendmachung nur die Linie Augustenburg bis zum Abgang des Mannesstammes Herzog Peter Friedrich Ludwigs verzichtet hat, 2. der Anspruch auf Nachfolge in das „Herzogtum" Oldenburg hinter beiden Gottorper Zweigen, somit nach Ausscheiden des russischen Kaiserhauses.

B. Hausrechtlich verneint die genannten zwei Ansprüche zunächst das russische Kaiserhaus in jener Zessionsurkunde vom 29. Aug. 1903 und der Herzog zu Glücksburg in der hierauf bezüglichen Annahmeurkunde vom 5. Okt. 1903 (abgedruckt im Archiv f. öffentl. Recht XIX S. 213).

Die ältere Linie Gottorp tritt kraft dieser Urkunden ihre angestammten Erbrechte an dem als Herzogtum Oldenburg bezeichneten Landesteile an die Linie des Herzogs Friedrich zu Glücksburg mit der Massgabe ab, dass erstens die erwähnten Rechte von der Glücksburger Linie weiter „übertragen" werden können, wenn auch nur in Gemeinschaft mit der Regierung des Grossherzogtums, und dass zweitens die betreffenden Rechte von Glücksburg an die ältere Gottorper Linie zurückfallen, soferne eine solche weitere Übertragung bei Ausscheiden des Hauses Glücksburg aus der Regierung des Grossherzogtums nicht geschehen sein sollte.

Indem hiernach das Haus Augustenburg Erbrechte am Herzogtum Oldenburg und dessen Teilen nur kraft Übertragung erlangen kann und ein eventueller Rückfall des Herzogtums Oldenburg an die russische Dynastie vereinbart wird, hat die ältere Gottorper Linie ausgesprochen und die jüngere Sonderburger Linie vertragsmässig anerkannt, dass dem Aste Augustenburg ohne Übertragung durch Glücksburg, also nach älterem Hausrecht keine Ansprüche an jenen Gebietsteilen zustehen.

Dabei ist noch die weitere Schranke vereinbart: die Glücksburger Linie hat sich verpflichtet, die durch die Zession vom 29. Aug. 1903 erworbenen Anrechte unter keinen Umständen früher an ein anderes Haus weiter zu übertragen, als bis sie in den Besitz der Regierung des Grossherzogtums gelangt ist. Stirbt die Linie früher aus, so fallen die zedierten Erbrechte ebenfalls wieder an das Haus Holstein-Gottorp zurück.

Auf diese Vereinbarungen ist in dem Abkommen zwischen dem Grossherzog von Oldenburg und dem Herzog Friedrich Ferdinand zu Glücksburg vom 29. Mai 1904 und der hierauf bezüglichen Novelle zum Hausgesetz vom 19. Okt. 1904 Bezug genommen. Alle Agnaten des Gottorper und Glücksburger Hauses, welche diesen Rechtsakten ihre Zustimmung erteilten, traten dadurch jenen hausrechtlichen Verneinungen Augustenburger Anrechte bei.

III. Indes keiner der vorgeführten Rechtsakte war imstande, die Augustenburger Anwartschaften zu vernichten.

Das oldenburgische Staatsgesetz vom 19. Okt. 1904 konnte dieselben nicht beseitigen, weil sie auf fürstlich-oldenburgischem Hausrecht beruhen, das sogar älter ist, als der Staat, nicht nur der Verfassungsstaat Oldenburg.

Die Zessionen der Mitglieder der russischen Nebenlinie und der Agnaten der russischen Dynastie und die Annahme dieser Zessionen sind mangels Zustimmung des Mannsstammes der Augustenburger hausrechtlich nichtig, weil solche Thronfolgeverzichte ohne Einwilligung des nächstberechtigten Zweiges niemals zu Gunsten entfernterer Linien geschehen können. Vergl. Annalen 1904 S. 583.

IV. Dieser Standpunkt entspricht den Anschauungen der oldenburgischen Staatsregierung vom Jahre 1848 und 1852.

Um nur Eines anzuführen, so sei auf die Worte des Regierungsvertreters Zedelius in der Sitzung des verfassungsvereinbarenden Landtages vom 7. Sept. 1848 — Verhandlungen des Landtags 1848 S. 67 — hingewiesen: „Von der Erlöschung des Rückfallrechts des ehemaligen Herzogs von Plön ist der Regierung nichts bekannt.“ . . . „Die Agnaten haben Rechte und werden sie behalten, auch wenn sie im Staatsgrundgesetze keine Anerkennung finden.“ Zedelius war nachmals Staatsminister, ein langjähriger, treuer und kenntnisreicher Diener seines angestammten Fürstenhauses und seiner oldenburgischen Heimat.

Ein anderes wichtiges Dokument für die Rechte des Augustenburgischen Hauses stellt die in den „Verhandlungen des Landtages zur Vereinbarung des Staatsgrundgesetzes“ (1849) S. 127 abgedruckte Erklärung des Staats- und Kabinettsministeriums vom 18. Sept. 1848 dar. Vergl. dazu unten S. 20.

Über die Stellung der Landtagsmehrheit zu vorwürfiger Frage Seite 21.

V. Wir schliessen mit der allgemeinen Bemerkung, dass sich die Unabhängigkeit hausrechtlich altbegründeter Thronanwartschaften gegenüber dem konstitutionellen deutschen Landesstaatsrecht vor allem aus zwei Gründen erhalten hat. Einmal weil viele deutsche Regentenhäuser Gesamthäuser darstellen, deren Seitenlinien in anderen Staaten herrschen, und dann weil der Satz, dass Fürst und Landtag allein über die Thronfolge bestimmen können, mehr dem demokratischen Prinzip des Wahlreiches sich nähert, als dem deutschterritorialen Gedanken der Erbmonarchie entspricht.

Zweiter Teil.

Graf Alexander von Welsburg.

§ 4.

Der Kernpunkt der Streitfrage.

I. Die Aufrollung der Thronfolgefrage im fürstlichen Hause und im Staate von Oldenburg während der Jahre 1903 und 1904 hat nicht nur die Geltendmachung altbegründeter Anwartschaften zur Folge gehabt, sondern zu den altberechtigten Thronanwärtern gesellte sich auch ein neuer, bisher der Öffentlichkeit als solcher unbekannter, Alexander Graf von Welsburg, der 29. Aug. 1878 geborene Sohn Herzog Elimars von Oldenburg aus dessen Ehe mit Freiin Vogel von Friesenhof.

Herzog Elimar † 17. Okt. 1895 war Onkel des gegenwärtigen Grossherzogs von Oldenburg, Halbbruder des Grossherzogs Peter († 1900) aus der dritten mit Cäcilie Prinzessin von Schweden-Holstein-Gottorp-Wasa geschlossene Ehe des 27. Febr. 1853 verstorbenen Grossherzogs August.

A. Wenn in dem Stammbaum des grossherzoglichen Hauses, welchen ich meiner Abhandlung in den Annalen des Deutschen Reiches 1904 S. 322 einfügte, Alexander Graf von Welsburg fehlt[1]), so erklärt sich dies daraus, dass Günter Jansen, grossherzoglich oldenburgischer Staatsminister a. D., in den „genealogischen" Notizen seines Buches „Grossherzog Nicolaus Friedrich Peter" 1903 S. 8, auf Grund deren ich jenen Stammbaum fertigte, unterlässt, einer Descendenz des genannten Herzog Elimar Erwähnung zu tun. Durch Mitteilung eines sehr drastischen Irrtums, der mir passierte, vermöchte ich darzutun, dass ich bis in den Oktober v. J. um das Vorhandensein von Nachkommen des 1895 verstorbenen Herzogs nichts wusste. Auch hat Graf Alexander von Welsburg erst am 16. Okt. 1904 seine Thronanwartschaft beim oldenburgischen Staatsministerium und dem oldenburgischen Landtage zur Kenntnis gebracht.

---

[1]) Siehe hiezu Tezner S. 68 Anm. 112.

Erst jetzt verstehe ich die Bemerkungen Günter Jansens a. a. O. S. 121 über das Verhältnis des Grossherzogs Peter von Oldenburg zu seinem Bruder Elimar: dass der Grossherzog die Machtmittel, welche das neue — von ihm selbst geschaffene und unter Mitwirkung auch Herzog Elimars erlassene — Hausgesetz dem Familienoberhaupte an die Hand gab, zuerst gegen den eigenen Bruder habe kehren müssen. Erst jetzt weiss ich, dass Herzog Elimar die familienhäuptliche Erlaubnis zu jenem Ehebunde nicht einholte und zwar, weil der Grossherzog die Versagung derselben in sichere Aussicht stellte, dass dem Herzog mehr als ein Jahr nach seiner Vermählung auf Grund Hausgesetzes Art. 14 nach Anhörung des Familienrats am 31. Dez. 1877 Entziehung der Apanage angedroht wurde und dass durch Familienratsbeschluss vom 17. Sept. 1879 diese Entziehung auch erfolgte. Näheres bei Tezner S. 10ff., 98.

B. Wären mir diese Tatsachen früher bekannt gewesen, dann würden sie mich veranlasst haben, das Verhältnis des oldenburgischen Hausgesetzes vom 1. Sept. 1872 zur oldenburgischen Verfassungsurkunde aufs eingehendste zu prüfen und nicht im Vertrauen auf den Umstand, dass der alle möglichen Zustimmungen erwähnende Eingang des Hausgesetzes vom 1. Sept. 1872 eine solche des Landtages unerwähnt lässt, auch nur gelegentlich und beispielsweise, wie ich es in meinem „Modernen Fürstenrecht“ 1904 S. 56 getan, zu äussern, im oldenburgischen Hausgesetze vom 1. Sept. 1872 fehle die Bemerkung „soweit erforderlich, mit Zustimmung der Stände erlassen“, weil es an den zugleich den Staat berührenden Punkten der Verfassung (Thronfolge) nichts ändere.

Zu welchem Ergebnis ich bei selbständiger Prüfung des gesamten Spezialstoffes gelange, erhellt aus meinen prinzipiellen Anschauungen, wie ich sie für dergleichen Tatbestände in dem Werke „Modernes Fürstenrecht“ S. 17, 21, 53, 55, 93, 114, 370 niederlegte. Insoferne war meine Auffassung des Falles Welsburg schon festgelegt, ehe ich ihn selbst nur kannte. T e z n e r a. a. O. S. 68 und 126 hat daher auch bereits voraus gesagt, wie ich die Streitfrage entscheiden würde.

II. Auch der Fall Welsburg betrifft die Frage nach der rechtlichen Natur der Thronfolge im heutigen deutschen Landesstaat: ob und inwieferne die Thronfolge dermalen nur Staats- oder auch Hausangelegenheit sei; aber doch in anderer Weise als im Falle Augustenburg.

Nicht handelt es sich hier um die Kontroverse, ob der moderne deutsche Landes-Verfassungsstaat in a l t e m Hausrecht begründete Thronansprüche zu entziehen vermag, sondern den springenden Punkt des jetzt zu erörternden Rechtsfalles bildet die Frage: hat der Staat Oldenburg die Aufstellung neuer Vorschriften über die Thronfolge berührende Umstände der fürstlichen Hausgesetzgebung mit der Wirkung der Bindung für ihn in gewissen Richtungen überlassen oder nicht? Im ersten Falle steht zur Entscheidung: bildet das Thronfolgerecht auch eine vom Staat unabhängige Hausangelegenheit?, im zweiten Falle: hat der Staat Oldenburg die Ordnung des staatlichen Thronfolgerechtes zum Teil dem fürstlichen Hause delegiert?

Trotzdem wie bemerkt die erstgenannte Kontroverse hier für die Entscheidung nicht in Betracht kommt, kann ihre Erörterung nicht umgangen werden. Allein zu behandeln ist lediglich, welche Stellung der oldenburgische Landtag anlässlich der Verfassungsgesetzgebung dazu für richtig hielt. Die Darlegung hierüber ermöglicht den Standpunkt der Volksvertretung in der anderen Frage klarer zu fixieren.

Die grossherzogliche Regierung nahm in der genannten Richtung 1848 d. h. bei der Verfassungsvereinbarung und 1851/52 d. h. anlässlich der Verfassungsrevision ein und denselben Standpunkt ein: der Staat könne die Auseinandersetzung mit agnatischen Rechten auf Teile des Staatsgebietes der Zukunft überlassen, in der Hoffnung, dass die dann veränderten politischen Verhältnisse eine solche Auseinandersetzung erleichtern oder die betreffenden Anwärter inzwischen wegfallen; ferner könne er durch entsprechende Fassung der grundgesetzlichen Bestimmungen (Unteilbarkeit nur auf Zeit) die Geltendmachung agnatischer Ansprüche klug hinausschieben; niemals vermöge aber das Grundgesetz, der Staat, eine Geltendmachung agnatischer Rechte zu verhindern, d. h. rechtlich zu beseitigen. So Zedelius in den „Verhandlungen des Landtages zur Vereinbarung des Staatsgrundgesetzes“ am 7. Sept. 1848 (S. 62, 65) und sehr eingehend das Schreiben des Staats- und Kabinetts-Ministeriums an die Landstände vom 18. Sept. 1848 (ebenda S. 127). Ebenso aber die Erklärungen der Staatsregierung gegenüber dem V. allgemeinen Landtag, z. B. das die Revision des Staatsgrundgesetzes einleitende Ministerialschreiben (Stenogr. Ber. über d. Verhdlgn. des V. allg. Landt. Anlagen S. 5) vom 27. Nov. 1851: keine „willkürliche Beschränkung der agnatischen Erbfolgerechte“ sei statthaft; daher müsse Art. 1 Abs. 2 der Verfassung vom 18. Febr. 1849 abgeändert werden.

Anders die Volksvertretung.

In ihrer Mehrheit vertrat dieselbe 1848 den Standpunkt, der Staat habe das Recht, agnatische Thronanrechte durch Vertrag zwischen Fürst und Volk d. h. durch Verfassungsvereinbarung zu vernichten: Verhandlungen des verfassungsvereinbarenden Landtages S. 62, 64, 68, 72, 84, 103. Insbesondere bekannte sich zu solcher Anschauung Abgeordneter Selckmann.

1852 dagegen huldigte die Mehrheit des Landtages, Ausschuss wie Plenum, der Meinung, das Staatsgrundgesetz könne derartige Ansprüche nur klug ignorieren, aber nicht rechtlich beseitigen, m. a. W. die Landtagsmehrheit gelangte zu der gleichen Auffassung, welcher 1848 die Regierungsvertreter Ausdruck gaben.

Man lese den Bericht des Revisionsausschusses zu Art. 1 (Anlage 44 S. 85): Nicht angemessen erscheine, dass das Staatsgrundgesetz Bestimmungen enthalte, welche „wegen etwa bestehender, vielleicht niemals, jedenfalls aber erst in ferner Zukunft zur Geltung gelangender Rechte, schon jetzt Einwendungen und Ansprüche hervorrufen könnten, die um so unbedenklicher vermieden werden, als es sich nicht leugnen lässt, dass die Realisierung jener Rechte eintretenden Falles von den alsdann bestehenden Verhältnissen abhängen und durch eine Bestimmung des Staatsgrundgesetzes allein schwerlich gehindert werden wird".

Der erwähnte Abgeordnete Selckmann war Ausschussberichterstatter im Plenum. Er bemerkte jetzt u. a. (S. 243): „Ich kann es Ihrer Beurteilung überlassen, ob wir in der Lage sind, wenn agnatische Rechte bestehen, diese mit Erfolg allein durch eine Bestimmung des Staatsgrundgesetzes beseitigen zu können" . . . . „Unser Staatsgrundgesetz hat nur nach Innen Wirksamkeit".

1848 wurde mit allen gegen drei Stimmen im Widerspruch mit der veränderten Regierungsvorlage das Staatsgebiet auf alle Zeit für unteilbar erklärt (S. 67), 1852 wurde der Vorschlag der Regierung von 1848: den Staat nur auf die Zeit der Regierung des Mannsstammes des gegenwärtigen grossherzoglichen Hauses für unteilbar zu erklären, „mit überwiegender Majorität", wie der Verhandlungsbericht S. 244 bemerkt, angenommen.

Man verdeckte den Rückzug mit der Formel, durch welche die Regierung 1848 den Landtag hatte gewinnen wollen. Anspruch der Unteilbarkeit nur für die Zeit der Regierung jenes Hauses anerkenne agnatische Rechte nicht ausdrücklich, erkenne sie aber auch, wenn solche bestehen sollten, nicht ab (a. a. O. S. 243).

In Wirklichkeit lag in jenem Satze, das Grossherzogtum Oldenburg bilde für die Dauer der Regierung der Nachkommen Herzogs Peter Friedrich Ludwig ein unteilbares Ganze, eine stillschweigende Anerkennung agnatischer Rechte auf Teile. Denn die Vorschrift enthält doch die Erklärung: wir verfügen die Unteilbarkeit nur auf Zeit, weil bei Eintritt des Abganges jenes Mannesstammes die Geltendmachung von Anrechten auf Stücke des Grossherzogtums möglich ist. Die Möglichkeit der Geltendmachung von Ansprüchen berücksichtigt ein kluger und vernünftiger Gesetzgeber aber nur dann, wenn er die Ansprüche für rechtlich begründet erachtet.

Vergl. die von mir entworfene Protestbegründung Herzog Ernst Günthers zu Schleswig-Holstein in den Verhdlgn. des XXIX. Landtages 1. Vers. 1904 (Anlage 1 S. 4 der Berichte).

Sehr klar ergeben dies die Worte des Regierungsvertreters Zedelius im verfassungsberatenden Landtage 1848 S. 65. Er bemerkt: „Die veränderte Regierungsvorlage beabsichtige den agnatischen Rechten weder Vorschub noch Eintrag zu tun.“ In dem nämlichen Augenblicke äussert er aber, die Regierung meine, durch den Art. 1 des ursprünglichen Entwurfes, d. h. Ausspruch der Unteilbarkeit ohne Zeitgrenze, würden die Ansprüche der Agnaten aus solchen auf Teile zu solchen aufs Ganze erweitert. Erweiterung von Ansprüchen setzt doch Vorhandensein solcher voraus. Art. 1 neuer Fassung verhindert somit nur die Ausdehnung der Ansprüche, verneint aber nicht deren Existenz. Vollkommen zutreffend meinte daher der damalige Volksvertreter Bargmann (Berichte S. 239) in der Sitzung vom 15. März 1852: Der Revisionsentwurf gebe die rechtliche Möglichkeit zu, dass das Land dereinst geteilt werden könne.

§ 5.
Die Zuständigkeit der Hausgesetzgebung nach oldenburgischem Verfassungsrecht.

Nunmehr zur Behandlung der Hauptfrage im einzelnen. Art. 29 des revidierten Staatsgrundgesetzes für Oldenburg vom 22. Nov. 1852 bestimmt:

§ 1. Im übrigen werden die Verhältnisse des Grossherzoglichen Hauses vom Grossherzog hausgesetzlich bestimmt.

§ 2. Das Hausgesetz ist dem Landtage zur Kenntnisnahme und soweit nötig zur Zustimmung vorzulegen.

I. Art. 29 schliesst den I. Abschnitt des Staatsgrundgesetzes ab. Seine Einleitungsworte: „Im Übrigen“ vermögen sich daher auf Engeres oder auf Weiteres zu beziehen.

Der unmittelbar voraufgehende Artikel handelt von der Erziehung des minderjährigen Grossherzogs, Art. 27 von der Vormundschaft über ihn. Art. 20—26 ordnen die Regentschaft. Art. 19 bestimmt das Volljährigkeitsalter des Grossherzogs. Art. 17 und 18 regeln die Thronfolge, Art. 16 die Stellvertretung des Monarchen, Art. 14 und 15 die Frage der Personalunion und Ähnliches. Art. 12 und 13 handeln vom Staatsministerium. In Art. 4—11 sind die Regierungsrechte des Fürsten skizziert. Art. 1—3 betreffen das Staatsgebiet. Der ganze Abschnitt trägt die Überschrift: „Von dem Grossherzogtum, dem Grossherzoge, und dem Staatsministerium.“

Hiernach kann kein Zweifel sein, worauf sich Art. 29 bezieht.

Alles was hier aufgezählt ist, bildet kein Verhältnis des grossherzoglichen Hauses, d. h. des Hauptes und der Mitglieder dieser Familie; der Staat, die Regierungsrechte, das Staatsministerium u. s. w. bilden kein Verhältnis des Hauses. Der Grossherzog kommt hier überall nicht als Familienangehöriger, sondern als Staatsorgan in Betracht. Tezner S. 6 hat dies nicht beachtet.

Nur bei Einem könnten Bedenken entstehen, bei der Thronfolge. Allein der Wortlaut der einschlägigen Artikel zerstreut sie sofort.

Art. 17 § 1 bestimmt: „Die Landesregierung ist erblich im Mannesstamme des Herzogs Peter Friedrich Ludwig . . .“; Art. 18: „Würden dereinst Besorgnisse wegen der Regierungserledigung bei der Ermangelung eines grundgesetzlich zur Nachfolge berechtigten Prinzen entstehen, so soll zeitig . . . für die Regierungsnachfolge Vorsorge getroffen werden.“

Landesregierung, Regierungs-Erledigung, d. h. Thronvakanz, Regierungsnachfolge sind keine Verhältnisse des Hauses. Erblichkeit der Landesregierung, Ausschluss der weiblichen Erbfolge, Vorsorge für ununterbrochene Regierungsinhaberschaft durch Hintanhaltung des Fehlens grundgesetzlich berufener Thronanwärter betrifft alles ein Verhältnis des Staates, die „Regierung“, die Staatsleitung. Auch in den voraufgehenden Artikeln wird die Ausübung der Staatsgewalt durch den Fürsten durchgängig Regierung genannt: „Die Regierungsform ist die monarchische“ (Art. 4 § 1); „alle Regierungserlasse des Grossherzogs bedürfen der Gegenzeichnung eines Mitgliedes des Staatsministeriums“ (Art. 12 § 3); „die Regierung des Grossherzogtums kann ohne Zustimmung des Landtages nicht mit der Regierung eines anderen Staates in einer Person vereinigt werden“ (Art. 15 § 2). Wird die Landesregierung, d. h. Staatsleitung, für erblich erklärt, so wird demgemäss ein Verhältnis des Staates für erblich erklärt.

II. Nur Eines bleibt — und Eines muss ja bleiben, weil Art. 29 mit den Worten „Im übrigen“ sich einleitet —: das Verhältnis der Erziehung des minderjährigen Grossherzogs und die Vormundschaft über ihn. Erziehung bildet nicht eine Aufgabe des Staates, sondern des Hauses im engeren Sinne, des Elternhauses, und Vormundschaft bei Familien mit Korporationscharakter eine Funktion dieser Gemeinschaft. Dazu stimmt auch der Wortlaut der Artikel 27 und 28.

Art. 26 spricht noch von der Regentschaft, dem Eintritt ihrer Beendigung in allen Fällen, da sie notwendig war, somit nicht bloss im Falle ihrer Bildung wegen Minderjährigkeit des Fürsten. Und nun fährt Art. 27 f. fort: „Der Regent, mit Ausnahme der Mutter und Grossmutter, kann die Vormundschaft über den minderjährigen Grossherzog nicht führen. Die Erziehung des minderjährigen Grossherzogs gebührt, wenn darüber vom letztregierenden Grossherzoge keine Anordnungen getroffen worden, zunächst der leiblichen Mutter und nach dieser der Grossmutter von väterlicher Seite, falls und so lange sie nicht anderweit vermählt sind. In Ermangelung derselben ist die mit der Leitung der Erziehung zu beauftragende Person auf dem in den Art. 23 und 24 vorgesehenen Wege (d. h. für die Regel durch Beschluss der volljährigen Prinzen) zu ernennen. In allen Fällen bedarf es bei Annahme der übrigen zur Erziehung und zum Unterricht erforderlichen Personen der Zustimmung des Staatsministeriums."

Besonders scharf tritt noch hervor, dass hier Verhältnisse des Hauses in Frage stehen, wenn wir die Vorschriften der Verfassung über die zur Regentschaft Berufenen gegenüberstellen.

Nach Art. 22 § 2 sind „die Gemahlin des Grossherzogs, hiernächst dessen Mutter und endlich dessen Grossmutter von väterlicher Seite desselben" erst berufen, wenn in der Erbfolge zunächst stehende volljährige und regierungsfähige Prinzen fehlen. Hier gehen Mutter und Grossmutter allen anderen vor.

Ebenso: weibliche Thronfolge nach Abgang des Mannesstammes schliesst Verfassung Art. 17 aus. In der Erziehungsfrage dagegen werden in erster Linie Frauen zu Betätigung berufen.

Trotz alledem bildet unter Umständen auch die Erziehung des Grossherzogs mit eine Staatsangelegenheit; in dem oben angegebenen Falle hat das Staatsministerium mitzureden.

Um wie viel mehr kommt daher der Thronfolge im Sinne der Verfassung der Charakter einer reinen Staatsangelegenheit, eines Verhältnisses lediglich des Staates zu.

Das ist das wichtige Ergebnis, zu dem wir gelangen. In unserem „Fürstenrecht" S. 21 formulierten wir es dahin: nur „die nicht auf die Thronfolge bezüglichen Verhältnisse der regierenden Familie sollen hausgesetzlich kodifiziert werden". Lediglich älteres Hausrecht vermag sich auf die Thronfolge zu beziehen.

§ 6.
Die Entstehungsgeschichte von revidiertem Staatsgrundgesetz Art. 29.

Zu dem Beweise aus Wortlaut, Inhalt und Zusammenhang des Gesetzes fügen wir zwei andere, den ersten aus der Entstehungsgeschichte des Gesetzes.

I. A. Art. 29 des revidierten Staatsgrundgesetzes ist unverändert aus dem ursprünglichen Staatsgrundgesetz vom 18. Febr. 1849 übernommen. Dort bildete er Art. 21.

Schon im Entwurfe des letzteren Gesetzes steht er als Art. 22, allerdings nur § 1 des jetzigen Art. 29. § 2 desselben wurde erst im Laufe der parlamentarischen Beratung eingestellt.

Art. 22 des Entwurfes[1]) — vom 5. Juli 1848 — lautet, wie heute Art. 29 § 1: „Im übrigen werden die Verhältnisse des Grossherzoglichen Hauses vom Grossherzog hausgesetzlich bestimmt". Aber anders als der jetzt die Erbfolge regulierende Artikel — Art. 17 (im Grundgesetz von 1849: Art. 8) — war im Entwurfe vom 5. Juli 1848 die Vorschrift gleichen Betreffes formuliert.

Jetzt lesen wir in Art. 17 § 1: „Die Landesregierung ist erblich im Mannesstamme des Herzogs Peter Friedrich Ludwig . . ." Die Fassung beruht auf den Abänderungen des ursprünglichen Entwurfes, welche das Staatsministerium mit Schreiben vom 28. Aug. 1848 dem verfassungsberatenden Landtage noch vor dessen Eintritt in die Beratungen des Entwurfes vorschlug (s. Verhandlgn. des Landt. z. Vereinb. u. s. w. S. 19 mit 61). Im Entwurf vom 5. Juli 1848 bestimmte der einschlägige Art. (9): „Die Landesregierung ist erblich im Mannesstamme des Oldenburgischen Fürstenhauses."

Somit waren für grundgesetzlich nachfolgeberechtigt auch die anderen Linien des Alt-Oldenburger Hauses erklärt: die beiden Sonderburger (Augustenburg und Glücksburg) und die ältere Gottorper (das russische Kaiserhaus). Demgemäss konnte die Thronfolge unter keinen Umständen ein Verhältnis des grossherzoglichen Hauses bilden. Daher bestimmt Art. 22 des Entwurfes auch nur: „Die Verhältnisse des grossherzoglichen Hauses werden vom Grossherzog hausgesetzlich bestimmt". Und wenn sich die Vorschrift mit „Im übrigen" einleitet, können die anderen, vorher geregelten Hausverhältnisse lediglich solche des Grossherzoglichen, nicht solche des gesamten oldenburgischen Fürstenhauses sein. Bloss ersteres, nicht auch letzteres berühren aber Vormundschaft, Unterweisung und Erziehung des minderjährigen Grossherzoges.

B. Dazu kommen dann die Verhandlungen über unseren Artikel im verfassungsberatenden Landtage.

Wie schon bemerkt, fehlte im Entwurfe Absatz 2 (jetzt § 2), also der Passus: „Das Hausgesetz ist dem Landtage zur Kenntnisnahme und soweit nötig zur Zustimmung vorzulegen."

Die Mehrheit des vorbereitenden Ausschusses hatte Streichung des ganzen Artikels (d. h. jetzt Art. 29 § 1) beantragt, weil ein unbekanntes Hausgesetz im voraus nicht grundgesetzlich anzu-

---

[1]) Dieser wie das Grundgesetz (v. 18. Febr. 1849) finden sich abgedruckt in Barnstedt, Sammlung der Gesetze u. s. w. für das Fürstentum Birkenfeld Bd. VIII (1849). Die Landtagsverhandlungen selbst enthalten ihn nicht.

erkennen sei. Eine Minderheit, dem Grunde dieses Antrags beistimmend, war der Ansicht gewesen, dass es eben deshalb auch bedenklich sei, das Staatsgrundgesetz abzuschliessen, ohne der hausgesetzlichen Bestimmungen darin zu gedenken, und dass es daher vorzuziehen sein dürfte, den Zusatz zu machen: „Das Hausgesetz ist demnächst den allgemeinen Ständen vorzulegen", um auf diese Weise den letzteren ihre Erklärung für den Fall vorzubehalten, dass darin möglicherweise aufzunehmende Bestimmungen zu einer Stellungnahme veranlassen könnten. Eine Zustimmung zu dem Hausgesetze überhaupt werde damit nicht beansprucht. Vergl. Verhandlgn. des Landt. zur Vereinb. des Staatsgrundg. 1848 S. 90f.

Im Plenum der Stände fanden die Gründe der Ausschuss-Minderheit mehr Anklang und so kam es, dass dortselbst die Grenzen der Zuständigkeit von Haus- und Staats-Gesetz zur Erörterung gelangten. S. a. a. O. S. 101 ff.

Abgeordneter Wibel I meinte: Gegenstand der Autonomie oder Selbstgesetzgebung seien die Familienangelegenheiten; solange das Regierungsrecht als Familiensache angesehen worden sei, habe man auch Bestimmungen, welche das Regierungsrecht angingen, missbräuchlich in das Hausgesetz hineingezogen. Das heutige Staatsrecht stehe damit aber in Widerspruch. Deputierter Lindemann fügte hinzu: Die Hausgesetze enthielten Bestimmungen über Vormundschaft, Vererbung des Privatvermögens, Apanage der Prinzen, Ausstattung der Prinzessinnen u. s. w. Reg.-Kommissar Zedelius wandte hiegegen ein, Bestimmungen über Apanagen bedürften ihrer Natur nach ständischer Zustimmung, was nur für den Fall richtig war, dass die Apanagierung dem Staat auferlegt wurde. Der Landstand Selckmann betonte: Die Stände könnten sich nicht in die Familienangelegenheiten des fürstlichen Hauses mischen. Schliesslich führte der Reg.-Vertreter Bucholtz aus: „Die Gegenstände eines Hausgesetzes, soweit sie Beziehung zum Staatswohl hätten, seien wohl schon alle im Entwurfe des Staatsgrundgesetzes berührt, so z. B. die Fragen in betreff der Erbfolgeordnung, Regentschaft, Grossjährigkeit, Apanagen und dergl. (und verstehe es sich von selbst, dass das Hausgesetz mit den Bestimmungen des Staatsgrundgesetzes nicht in Widerspruch treten dürfe). Allein es gebe eine Menge, das Innere der Grossherzoglichen Familie angehende, rein privatrechtliche Bestimmungen und diese müssten dem Grossherzoge zur Regulierung allein überlassen werden".

Nehmen wir noch hinzu, dass, wie in § 4 erörtert, die grosse Mehrheit der Stände 1848 die Anschauung vertrat, über die Regierungsnachfolge vermöchten allein und ausschliesslich Fürst und Landtag zu befinden, so ist klar, dass 1848 niemand von den massgebenden Persönlichkeiten daran dachte, die Thronfolge als solche zu den

Verhältnissen des Grossherzoglichen Hauses im Sinne jenes Verfassungsartikels zu rechnen. Weiteres noch S. 64.

II. Auch die Verhandlungen über die Revision des Staatsgrundgesetzes im Jahre 1852 ergeben ein Moment, welches deutlich erkennen lässt, dass als diejenigen Verhältnisse des Grossherzoglichen Hauses, welche schon in den vorausgehenden Artikeln bestimmt seien, nur die Vormundschaft und Erziehung des minderjährigen Grossherzogs zu verstehen sind, das nächst vorher geordnete Verhältnis, die Regentschaft, nicht hiezu gehört.

Dem Regierungsentwurf in der Hauptsache entsprechend bestimmte Art. 14 der Verfassung vom 18. Febr. 1849, wenn der Grossherzog an der eigenen Ausübung der Regierung dauernd verhindert sei, und ferner in dem Falle, wo im voraus anzunehmen, dass der Nachfolger an der eigenen Übernahme aus einem anderen Grunde als wegen Minderjährigkeit verhindert sein würde, gleichzeitig aber der gegenwärtige Grossherzog an der Ausübung der Regierung verhindert sei und daher keine Regentschaft für jenen Fall im voraus anordnen könne, habe das Staatsministerium eine Zusammenkunft der volljährigen Prinzen des grossherzoglichen Hauses, mit Ausschluss des zunächst zur Regentschaft berufenen, zu veranlassen, damit in derselben über das Erfordernis einer Regentschaft durch absolute Stimmenmehrheit beschlossen werde.

Das Staatsgrundgesetz hatte jene Zusammenkunft einen „Familienrat" genannt: „Dieser Familienrat wird über das Erfordernis der Regentschaft . . . beschliessen" (Art. 14 Abs. 2).

In dem am 23. Febr. 1852 bei den Landständen eingebrachten Revisionsentwurf — Art. 23 desselben und des revidierten Staatsgrundgesetzes — fehlt jene Bezeichnung der Zusammenkunft als Familienrat. Die Bestimmung lautet nunmehr: Das Ministerium hat „eine Zusammenkunft der volljährigen Prinzen des grossherzoglichen Hauses . . . zu veranlassen, welche über das Erfordernis einer Regentschaft . . . beschliessen". Gründe hiefür sind weder von der Regierung noch seitens der zustimmenden Landesvertretung angegeben — vergl. die Berichte des V. allgemeinen Landt. S. 264 mit Anlagen S. 46 und 88. Allein die Ursache lässt sich erraten. Beschlussfassung über das Erfordernis einer Regentschaft bildet keine Familiensache, daher auch keinen Gegenstand eines Familienrates.

Ich verweise in dieser Hinsicht auf eine Einzelbegebenheit aus den Beratungen des Jahres 1848.

Der Entwurf des ersten Staatsgrundgesetzes (vom 18. Febr. 1849) enthielt in Art. 19 die Vorschrift: „Der Aufwand des Regenten (d. h. Regierungsverwesers) ist von der Zivilliste zu bestreiten". Der Landtagsausschuss beantragte die Fassung: „Der Aufwand . . .

ist mit den Ständen zu vereinbaren und aus der Zivilliste zu bestreiten". Der Antrag wurde auch einstimmig angenommen. Die Regierung stellte hierauf das Amendement: der hiezu erforderliche Teil der Zivilliste solle, wenn deshalb nicht vom Grossherzoge Bestimmung getroffen sei, im Falle der Regentschaft wegen Minderjährigkeit durch Vereinbarung des Regierungsverwesers mit den Ständen, in anderen Fällen vom Familienrate festgesetzt werden; denn in diesen Fällen sei die Frage dieser Festsetzung eine „reine Familienangelegenheit" (Verhandlgn. S. 724 mit 90, 100, 181). Ausschuss und Kammerplenum dagegen vertraten die Auffassung: wie beim Fürsten bilde auch beim Regenten die Feststellung seiner Zivilliste „keine Familien-, sondern eine Landesangelegenheit". Es sei dem Lande und Volke sehr wichtig, dass auch der Regent mit der Würde und Unbefangenheit auftreten könne, welche seiner hohen Stellung durchaus not seien. Daher müssten die Bedingungen dafür der Beurteilung nicht bloss des fürstlichen Familienrats, sondern des Landtags unterliegen und von ihm festgesetzt werden. Der Zusatzantrag der Staatsregierung fand daher einstimmige Ablehnung (S. 725).

Der Streit wurde damals nicht direkt, aber immerhin zu gunsten der Landstände entschieden.

Art. 19 des Entwurfes fand unmittelbar keine Aufnahme in die Verfassung. Er wurde im vollen Einverständnis beider Teile aus dem Entwurfe gestrichen.

Der Grund war, weil die Voraussetzung des ganzen Artikels, das Rechtsinstitut der Zivilliste, ebenfalls — Art. 185—187 des Entwurfes — aus dem Verfassungswerke verschwand.

Es kam nämlich keine völlige Übereignung allen Domanialvermögens an den Staat zu stande. Vielmehr wurde das Domanialvermögen in Staat- und Krongut gesondert. Krongut ist Eigentum des von Herzog Peter Friedrich Ludwig abstammenden Hauses, solange es im Grossherzogtum regiert. In seinen Erträgnissen dient es der Sustentation des grossherzoglichen Hauses. Zu gleichem Zwecke bezieht der Grossherzog aus dem zu Staatsgut erklärten Domanialvermögen eine jährliche Barsumme von 85000 Talern. Auf beide Bestandteile der Sustentation übernimmt der Grossherzog eine Reihe von Lasten. Sie sind in § 12 der Vereinbarung über die Sonderung (vom 5. Febr. 1849) aufgenommen. Weil die eine Hälfte der Sustentation, diejenige aus dem Krongut, eine privatrechtliche Einnahme, Einnahme aus Hausvermögen bildet, fällt bei Festsetzung der Höhe der Apanagen, Wittume u. s. w., welche „auf den zur Sustentation des grossherzoglichen Hauses vorbehaltenen Mitteln" lasten, die Mitwirkung der Volksvertretung weg. Darunter befindet sich auch „der angemessene Bedarf des Regenten im Falle einer (somit jeder) Regentschaft". Der Betrag desselben soll durch das Hausgesetz näher bestimmt werden. Somit: weil teilweise Deckung aus Hausvermögen, Festsetzung Familiensache; läge nur Deckung aus Staatsgut vor, hätte die Volksvertretung bei der Normierung mitzuwirken. Vergl. Verhdlgn. S. 1124, 1131, 1097, 1116, 1119, 977, 637, 688, 998 (Anlage). Das Hausgesetz v. 1. Sept. 1872 trifft übrigens über jenen Betrag keine näheren Bestimmungen.

§ 7.

Vergleich mit anderen Verfassungsurkunden.

Die Verfassungen unserer Mittelstaaten sind vielfältig nach einem Schema angelegt. Daher führen wir einen zweiten Hilfsbeweis mittels Vergleichung des oldenburgischen Staatsgrundgesetzes mit solchen anderer Staaten.

I. Es ist der Typus der bayrischen Verfassung, welcher in jenem Art. 29 aus dem oldenburgischen Staatsgrundgesetz spricht.

In Titel II der bayr. Verfassungsurkunde mit der Überschrift „Von dem Könige und der Thronfolge, dann der Reichsverwesung" lesen wir vor den Bestimmungen über die Reichsverwesung in § 8: „Die übrigen Verhältnisse der Mitglieder des königlichen Hauses richten sich nach den Bestimmungen des pragmatischen Familiengesetzes".

Voraus gehen in § 1 Feststellung des monarchischen Prinzips, in den §§ 2—6 die Ordnung der Successions-Fähigkeit und der Successions-Reihenfolge. In § 7 heisst es dann: „Die Volljährigkeit der Prinzen und Prinzessinnen des königlichen Hauses tritt mit dem zurückgelegten 18. Lebensjahre ein". Eine besondere Bestimmung über das Volljährigkeitsalter des Königs fehlt. Er ist also mit unter die Prinzen gerechnet, denn was unmittelbar folgt, ist die Rechtsordnung der Regentschaft. § 7 bildet daher die Überleitung hierzu. In § 6 aber ist von dem Fall die Rede, dass nach Erlöschen des Mannesstammes die Krone an einen auswärtigen Monarchen oder die Gemahlin eines solchen gelangt; es soll dann eventuell Sekundogenitur bezw. beim zweiten Sachverhalt zunächst Statthalterschaft eintreten. Das ist kein Verhältnis der Mitglieder des königlichen Hauses. Das geht nicht wie der Volljährigkeitstermin alle Prinzen und Prinzessinnen an. Ein vor § 8 geordnetes Verhältnis der Mitglieder des königlichen Hauses stellt lediglich das Volljährigkeitsalter dar, demgemäss nicht die Thronfolge, sonst müsste als ein solches auch die erst nach § 8 geregelte Regentschaft gelten. Wegen ihrer ist aber nicht auf das Familiengesetz verwiesen.

II. Besonders klar tritt die Richtigkeit unserer Anschauung aus den Verfassungsgesetzen Waldecks und Schaumburg-Lippes hervor.

Auch hier ist es der letzte Paragraph des betreffenden Abschnittes, in welchem bestimmt wird: „Die übrigen Verhältnisse des fürstlichen Hauses ordnen die Hausgesetze.“

A. So lautet § 27 der Waldeck'schen Verfassungsurkunde vom 17. Aug. 1852. Was geht voraus in dem die §§ 3—27 umfassenden „Titel“? In §§ 3—14 eine Aufzählung der wesentlichsten Hoheitsrechte des Fürsten, der fürstlichen Prärogativen, in § 15 die Bestimmung der „Regierungsfolge“. § 16 verfügt: „Der Fürst wird mit Vollendung des 21. Lebensjahres volljährig und regierungsfähig.“ § 17 und 18 handeln von Verfassungseid des Staatsoberhauptes und Huldigungseid der Landstände. In §§ 19—24 erfährt die Regentschaft ihre Regelung. Und nun reiht sich an in § 25: „Der Regent, mit Ausnahme der Mutter und der väterlichen Grossmutter, kann die Vormundschaft über den minderjährigen Fürsten nicht führen. Im übrigen sind in Ansehung der Vormundschaft und der Erziehung des minderjährigen Fürsten die Verfügungen des letztregierenden Fürsten, beziehungsweise die hausgesetzlichen Bestimmungen massgebend. In Ermangelung besonderer Bestimmung hat die Vormundschaft für die Erziehung zu sorgen.“ § 26 betrifft das Domanialvermögen. Er verordnet im massgebenden Teile: „Die rechtlichen Verhältnisse des Domanialvermögens sind, soweit nicht die für die vorbehaltene definitive Regulierung der Sache in der Anlage aufgestellten Grundsätze darüber Festsetzungen enthalten, nach demjenigen Stande zu beurteilen, in welchem sich dasselbe vor der Vereinbarung aus dem Jahre 1849 befunden hat. Die hiernach erforderliche Vereinbarung soll mit den Ständen ohne Verzug getroffen werden.“ Und nun kommt § 28: „Die übrigen Verhältnisse u. s. w.“

Wenn ich darauf hinweise, dass die materielle Bedeutung des § 26 durch den Satz „das Domänengut bleibt Hausgut der landesherrlichen Familie“ wieder gegeben wird[1]), so lässt der Zusammenhang des Gesetzes erkennen, wie die Bestimmung des § 27 richtig ausgelegt ist, wenn man behauptet: die vorher schon geordneten Verhältnisse des fürstlichen Hauses sind Vormundschaft und Erziehung des Monarchen und das Domänenvermögen.

Die „Vereinbarungen“, von welchen § 26 spricht, sind solche zwischen Staat und Haus. § 25 verweist hinsichtlich Vormundschaft und Erziehung ausdrücklich auf Hausrecht.

---

[1]) Vergl. hierüber mein „Modernes Fürstenrecht“ S. 338 mit 335.

Dazu ist der Titel „Von dem Fürsten und dem fürstlichen Hause“ überschrieben und das Waldecksche Staatsgrundgesetz wenige Monate älter als das revidierte Oldenburgs.

Was könnte stärker dafür sprechen, dass Thronfolge nicht zu den Hausangelegenheiten im Sinne der Verfassung rechnet?

B. Und dann das Verfassungsgesetz für Schaumburg-Lippe vom 17. Nov. 1868.

Auch hier trägt der die Art. 3—13 umfassende Titel II die Überschrift: „Von dem Landesfürsten und dem Fürstlichen Hause.“ Hieraus geht hervor, der erste Teil handelt vom Fürsten, der zweite vom fürstlichen Hause. Wo beginnt dieser? Erst mit dem letzten Artikel, wie deutlich aus seinem Anschluss an den vorausgehenden Paragraphen erhellt. Art. 12 bestimmt: „Der Fürst wird mit Vollendung des 21. Lebensjahres volljährig. Eine frühere Grossjährigkeitserklärung ist nicht ausgeschlossen.“ Und nun fährt Art. 13 fort: „Die Bestimmung des vorstehenden Artikels erstreckt sich auf alle Prinzen des Fürstlichen Hauses. Im übrigen werden die Verhältnisse des Fürstenhauses durch Hausgesetze geregelt.“ Somit ist nur ein Verhältnis des fürstlichen Hauses vorher geregelt, der Volljährigkeits-Zeitpunkt.

Damit stimmt auch die Schlussfolgerung aus dem weiteren Zusammenhang.

Art. 11 enthält noch die Vorschrift: „Der Fürst beruft den Landtag und schliesst seine Sitzungen. Er hat das Recht, den Landtag zu vertagen und ganz aufzulösen.“ Die weiteren Artikel 10—5 handeln von den übrigen fürstlichen Reservatrechten: Begnadigung u. s. w., Art. 4 von der Regentschaft, Art. 3 von der Erbfolge.

Es ist also zweifellos, dass die Thronfolge nicht als eine Angelegenheit gedacht ist, welehe durch Hausgesetz geregelt werden soll.

Materiell beginnen die Vorschriften über Verhältnisse des fürstlichen Hauses mit Art. 12; formell mit Art. 13, da nach der Überschrift des Titels die schaumburg-lippische Verfassung unter fürstlichem Hause nur die Summe der einfachen Mitglieder, ohne Familienhaupt, versteht.

III. Unserem Grundergebnis widerspricht auch nicht die hessische Verfassungsurkunde vom 17. Dez. 1820.

Wie schon im „Modernen Fürstenrecht“ S. 21 dargetan, nimmt das hessische Verfassungsrecht insoferne eine Sonderstellung ein, als es die verfassungsrechtliche Ordnung der Thronfolge mit dem künftigen Hausgesetz in Beziehung setzt.

Art. 5 bestimmt in Absatz 1: „Die Regierung ist erblich in dem Grossherzoglichen Hause nach Erstgeburt und Linealfolge, vermöge Abstammung aus ebenbürtiger, mit Bewilligung des Grossherzogs geschlossener Ehe". Abs. 2 und 3 handelt von der Kognatensuccession. Und Abs. 4 bemerkt zu den drei ersten Absätzen nun abschliessend: „Die diesen Grundsätzen gemässen näheren Bestimmungen, so wie die Bestimmungen über die Regentschaft während der Minderjährigkeit oder anderer Verhinderung des Grossherzogs, werden durch das Hausgesetz festgesetzt, welches insoferne einen Bestandteil der Verfassung bildet."

Der Hausgesetzgebung der Zukunft ist hier ohne Vorbehalt ständischer Zustimmung die nähere Ordnung von Thronfolge und Regentschaft überlassen.

Die Bestimmung erklärt sich aus einer noch rein patrimonialen Auffassung beider Verhältnisse. Allein die Auffassung ist durch den Nachsatz korrigiert. Formell werden beide Verhältnisse auch als Hausangelegenheiten behandelt, aber mittels des Nachsatzes, jenes Hausgesetz solle als Bestandteil der Verfassung gelten, wird zugleich anerkannt, dass durch das betreffende Hausgesetz materiell zwei Staats- und Verfassungsangelegenheiten nähere Regelung finden.

Die materielle Natur der beiden Angelegenheiten erwies sich stärker als der Wille des Verfassungsgesetzgebers. Ein solches Hausgesetz kam nicht zustande. Das Regentschaftsrecht wurde 26. März 1902 durch Staatsgesetz geordnet und mit jener rein patrimonialen Auffassung auch formell insoferne aufgeräumt, als Art. 107 des Staatsgrundgesetzes zur Aufhebung gelangte, in welchem die Regierungsverwesung infolge von Minderjährigkeit als „Regentschaft im Falle der Vormundschaft" bezeichnet war.

§ 8.

Die Ebenbürtigkeit als Haus- und Staats-Angelegenheit.

I. Natürlich gibt es auch gemischte Angelegenheiten, solche, die sowohl Staats- wie Hausangelegenheit sind.

A. Dazu rechnet die Ehe und in Anschluss hieran die eheliche Abstammung, eheliche Geburt.

Beide sind Verhältnisse des Hauses wie des Staates. Sie begründen Hausmitgliedschaft und Successionsfähigkeit. Letztere Eigenschaft ist genau besehen nicht Wirkung des Erwerbes der ersteren, beide vielmehr unmittelbar Wirkung von Ehe bezw. Abstammung. Denn es gibt auch Successionsfähigkeit ohne Hausmitgliedschaft, z. B. bei Erbverbrüderung [1]), ferner Hausmitgliedschaft ohne gleichzeitigen Erwerb von Thronanwartschaft und Erwerb von Hauszugehörigkeit erst nach Begründung von Successionsanrecht. Erstere

[1]) Andere Fälle „Modernes Fürstenrecht" S. 382 ff.

Rechtslage ist, was die Ehe angeht, in der Rechtsstellung der von Aussen herein heiratenden Gemahlinnen der Fürsten und Prinzen, was eheliche Abstammung betrifft, in der Rechtsstellung der Prinzessinnen gegeben, soferne wie gerade in Oldenburg Weibernachfolge staatsrechtlich völlig ausgeschlossen ist.

Auch für die an dritter Stelle genannte Rechtserscheinung liefert gerade Oldenburg ein sehr treffendes Beispiel: In aller jüngster Zeit wurde dort eine Aufnahme Dritter in den Hausverband (s. Fürstenrecht §§ 22 u. 25) nur für den Fall vorgängigen Thronfolgerechtserwerbes vollzogen. „Wenn, wie in Aussicht steht, das Recht der Thronfolge im Grossherzogtum Oldenburg nach dem Abgang des Mannesstammes des Herzogs Peter Friedrich Ludwig durch Zusatzbestimmung zum Staatsgrundgesetz dem Mannesstamm des am 27. Nov. 1885 verstorbenen Herzogs Friedrich zu . . . Glücksburg übertragen wird, so soll die vorgedachte Glücksburger Linie dem Grossherzoglich Oldenburgischen Hause als eventuell erbberechtigte Nebenlinie angegliedert werden," so leitet sich das früher erwähnte Abkommen zwischen Grossherzog Friedrich August als Chef des grossherzoglich oldenburgischen Hauses und Herzog Friedrich Ferdinand als Chef jener Glücksburger Linie vom 29. Mai 1904 ein. Und die Novelle zum oldenburgischen Hausgesetz vom 19. Okt. 1904 beginnt mit dem Satze: „Nachdem . . . der Glücksburger Linie durch Gesetz vom heutigen Tage für den Fall, dass Unser . . . Haus . . . im Mannsstamm erlöschen sollte, das Recht der Thronfolge im Grossherzogtum verliehen worden ist . . ., wird (sie) dem Grossherzoglichen Hause als eventuell zur Thronfolge berechtigte Nebenlinie angegliedert."

B. Ein gemischtes Verhältnis, rechtlich die Frage der Hauszugehörigkeit wie der Thronfolge berührend, kann auch der familienhäuptliche Heiratskonsens sein.

Demselben unterliegen selbst Familienmitglieder, welche von der Thronfolge ausgeschlossen, aber der Familiengewalt des Landesherrn unterworfen sind: Prinzessinnen, wenn Weiber-Nachfolge der Staatsverfassung unbekannt ist, Witwen von Fürsten und Prinzen. Und andrerseits sind an Einholung jenes Konsenses auch Hausmitglieder gebunden, welche der fürstlichen Hausgewalt nicht unterstehen, soferne sie beabsichtigen, ihre eheliche Verbindung zu einer zur Übertragung der Successionsfähigkeit im Stammhause geeigneten Heirat zu gestalten.

In erster Linie einem anderen Hause angehörende Prinzen glauben, namentlich wenn dasselbe ein mächtigeres ist, der Notwendigkeit, die Heiratserlaubnis auch des Chefs des Stammhauses einzuholen, enthoben zu sein, weil die Notwendigkeit solcher Einholung lediglich die Folge der Unterordnung unter eine Hausgewalt sei.

Allein wohl zu unterscheiden ist der Heiratskonsens als Bestandteil der Familiengewalt und der Heiratskonsens als ein hiervon getrenntes familienhäuptliches Recht, zu unterscheiden sind die Einholung der Heiratsbewilligung als Mitgliedschaftspflicht und die Einholung derselben als gesetzliche Bedingung der Entstehung einer zur Fortpflanzung der Thronfolgefähigkeit geeigneten Ehe. Im „Modernen Fürstenrecht" S. 180, 214, 237, 267 u. s. w. ist nachdrücklichst dieser Gegensatz betont. Die englischen Prinzen unterlassen meines Wissens für ihre Verehelichungen die Einwilligung des Herzogs von Sachsen-Koburg und Gotha einzuholen.[1]) Keinem Zweifel unterliegt, dass sie dadurch ihre Nachkommenschaft der Gefahr aussetzen, von der Thronfolge in diesem Herzogtum sich ausgeschlossen zu sehen. Denn wenn der Mangel auch heilbar ist: eine Verpflichtung des Herzogs, eine frühere Eheschliessung nachträglich noch zu genehmigen, besteht nicht ohne weiteres. Vergl. Fürstenrecht S. 216f. Für die vor dem Gesetze vom 15. Juli 1899 geschlossenen Ehen ist der Mangel durch dieses Gesetz übrigens stillschweigend behoben.

II. Eine weitere Angelegenheit sowohl des Hauses wie des Staates von Rechtswegen vermag aus diesem Gedankenkreise endlich die Ebenbürtigkeit darzustellen.

Ebenbürtigkeit kann Bedingung der Hausmitgliedschaft und sie kann Bedingung der Thronfolgeberechtigung sein. Weil sie das eine ist, ist sie nicht auch notwendig das andere, schon um deswillen nicht, weil wie wir sahen Successionsfähigkeit auch ohne Hausmitgliedschaft und letztere ohne erstere vorzukommen vermag.

Ebenso ist denkbar, dass für die Nachfolge in die Herrschaft eine andere Ebenbürtigkeit die Voraussetzung bildet als diejenige, von welcher der Erwerb der Hausmitgliedschaft abhängt, nicht anders wie die Erfordernisse der Ebenbürtigkeit für Nachfolge in das eine Hausfideikommiss schwerere oder geringere zu sein vermögen als diejenigen für erbrechtliches Einrücken in die Inhaberschaft des anderen.

---

[1]) Nebenbei bemerkt, halte ich die Meinung Bornhaks betreffend Unebenbürtigkeit der Nachkommen des gegenwärtigen Prinzen von Wales in Coburg und Gotha (Annalen 1904 S. 411 ff.) für durchaus bestreitbar. Um nur Eines anzuführen, so wäre dieser Mangel, würde er vorhanden gewesen sein, für das Staatsrecht geheilt durch das Thronfolgegesetz vom 15. Juli 1899. Zwei Söhne aus der Ehe des Prinzen mit Mary Fürstin von Teck waren damals schon vorhanden.

III. Am besten ziehen wir zum Beweis dieser Möglichkeiten das oben schon erörterte Rechtsinstitut der landesherrlichen Heiratserlaubnis zum Vergleiche heran.

Mit der Ebenbürtigkeit hat es das gemein, dass sie beide Elemente der fürstlichen Ehe, gesetzliche Voraussetzungen für gewisse Ehewirkungen bilden.

Keinem Zweifel unterliegt, dass familienhäuptliche Eheeinwilligung nur Voraussetzung des Erwerbs von Hausmitgliedschaft sein kann, nicht gleichzeitig auch Bedingung für die Entstehung von Thronanwartschaften sein muss. Und ebenso ist der umgekehrte Fall denkbar. Bei ersterer Sachlage sind von der Notwendigkeit der Einholung nicht dem Hause angehörige Thronanwärter (Erbverbrüderte) befreit, im zweiten Falle gilt das Nämliche für nichtsuccessionsfähige Familienmitglieder (z. B. die Kognaten).

In gleicher Weise begegnet, dass die Förmlichkeiten des Erfordernisses dort andere sind als hier. Wir nehmen an, nach beiden Seiten sei das Erfordernis gegeben. Dann ist denkbar, dass in der einen Richtung vorgängige und schriftliche und vom Staatsminister gegengezeichnete Einwilligung notwendig ist, in der anderen nur Einwilligung schlechthin, so dass auch stillschweigende und nachträgliche Zustimmung genügt.

IV. Man wende nicht ein: das mag alles zutreffen, aber Ebenbürtigkeit und Ehekonsens kommen doch nur als Erfordernisse der Eheschliessung in Betracht und die Ehe ist ein Verhältnis der Familie; zu unterscheiden seien lediglich Wirkungen dieses Familienverhältnisses nach innen und nach aussen.

Hier ist ausser Berücksichtigung geblieben, dass die Ehe ja auch nach der inneren Seite hier nicht als das die Zugehörigkeit zur natürlichen Familie und häuslichen Gemeinschaft begründende Rechtsverhältnis, sondern als diejenige Verbindung in Erscheinung tritt, welche Zugehörigkeit zu einer Korporation, zu einem genossenschaftlichen Verband ins Leben ruft.

An einen bürgerlichrechtlichen Tatbestand knüpfen sich zwei völlig selbständige Rechtsbeziehungen, eine fürsten- oder hausrechtliche und eine staatsrechtliche.

Die Verheiratung eines fürstlichen Sohnes mit der Prinzessin aus einem fremden Hause bildet rechtlich eine Angelegenheit seiner selbst und seiner Eltern (des Hauses im engeren Sinne) und eine Angelegenheit des fürstlichen Hauses; dazu bildet sie tatsächlich, nicht rechtlich[1]) (s. Fürstenrecht S. 374) vielleicht auch eine Staats-

[1]) Daher sind fürstliche Heiratsverträge niemals Staatsverträge. Die Diplomaten wirken hier als Gehilfen des fürstlichen Hauses, soferne sie bei deren

sache. Dies alles ist sie schon, wenn Ebenbürtigkeit und familienherrliche Eheerlaubnis keine Rechtsinstitute dieses Hauses und dieses Landes darstellen. Bilden sie letzteres im Verhältnis zum Staate, für die Thronfolge, dann wird die Verehelichung dadurch auch rechtlich eine Staatsangelegenheit, nicht hinsichtlich der Staatsverwaltung, wohl aber hinsichtlich der Staatsgesetzgebung.

Diejenigen, welche den Ehevertrag über die personen- und güterrechtlichen Wirkungen der beabsichtigten Ehe schliessen, sind natürlich nur die Brautleute oder deren gesetzliche Vertreter, nicht auch der Staat. Dagegen ist gewiss denkbar und es begegnet, dass solche Verträge auch zwischen den fürstlichen Hauskorporationen, vertreten durch die Familienhäupter, geschlossen werden. Geschieht letzteres nicht, dann kommt die betreffende Ehe für die fürstlichen Hausverbände nur als ein Verhältnis der fürstlichen Hausgesetzgebung in Betracht. Die gleiche Erscheinung haben wir in dem oben geschilderten Falle. Die Heirat bildet dort ein Verhältnis der Staatsgesetzgebung und insoferne ein Verhältnis des Staates.

Wir sahen: Die Verfassungsurkunden bezeichnen die Vormundschaft und Erziehung des minderjährigen Fürsten und die Volljährigkeit der fürstlichen Prinzen als Verhältnisse des fürstlichen Hauses, obwohl dies nur einzelne Personen betreffende Vorgänge sind. Verhältnisse des fürstlichen Hauses stellen sie insoferne dar, als sie das fürstliche Haus berühren. Ebenso berühren Ebenbürtigkeit und Heiratserlaubnis die Thronfolge und damit den Staat und sind darum, wie ich weiter oben (§ 5 a. E.) sagte, auf die Thronfolge bezügliche, sie betreffende Verhältnisse und insoferne Verhältnisse des Staates.

§ 9.
Die Ebenbürtigkeit als Gegenstand der Haus- und Staatsgesetzgebung.

Trifft das Vorgetragene zu, so muss nachstehendes sich bewahrheiten.

Vermag die Ebenbürtigkeit als ein Verhältnis d. h. Institut des Staates angesehen zu werden, so muss dieselbe, soferne ihr in einem Staate die Natur einer Bedingung der Thronfolgefähigkeit beiwohnen soll, grundsätzlich auch einen Gegenstand der Staatsgesetzgebung bilden, kann es nicht ohne weiteres in der Zuständigkeit der neuen Hausgesetzgebung liegen, auch mit Wirkung

Vorbereitung und Abschliessung eingreifen oder zugezogen sind. Hiernach entscheidet sich die Frage der Rechtsgültigkeit des Heiratsvertrages des Königs Leopold II. der Belgier mit seiner verstorbenen Gemahlin Maria Henriette vom Jahre 1853.

für die Successionsfrage zu bestimmen, ob Ebenbürtigkeit ein Eheerfordernis sei und, wenn ja, welcher Grad von Ebenbürtigkeit als Ehevoraussetzung in Betracht komme.

Der Nachweis sei erbracht.

I. Eine grössere Zahl von Verfassungsurkunden spricht ausdrücklich aus, dass Ebenbürtigkeit eine Bedingung der Thronfolgeberechtigung bilde.

A. Wir finden das in den Staatsgrundgesetzen des Königreichs Sachsen, von Coburg und Gotha, Hessen, ferner von Braunschweig, Hannover, Württemberg und Bayern.

Wir lesen hier: „Die Krone ist erblich in dem Mannsstamme des sächsischen Fürstenhauses nach dem Rechte der Erstgeburt und der agnatischen Linealfolge, vermöge Abstammung aus ebenbürtiger Ehe" (Sachsen § 6) oder „Zur Successionsfähigkeit wird rechtmässige Abstammung aus ebenbürtiger, mit Bewilligung des Herzogs geschlossener Ehe erfordert" (Coburg-Gotha § 6). In den übrigen Verfassungsurkunden sind die entsprechenden Wendungen: „Abstammung aus ebenbürtiger, mit Bewilligung des Grossherzogs geschlossener Ehe" (Hessen Art. 5), „in dem Mannsstamme aus rechtmässiger, ebenbürtiger und hausgesetzlicher[1]) Ehe" (Braunschweig und Hannover), „Geburt aus einer ebenbürtigen, mit Bewilligung des Königs geschlossenen Ehe" (Württemberg und Bayern).

Alle Bestimmungen haben gemein, dass sie die Ebenbürtigkeit ausdrücklich zur verfassungsmässigen Voraussetzung der Thronfolgefähigkeit bestellen, ohne aber sich darüber auszusprechen, welche Art von Ebenbürtigkeit erforderlich sei.

Da die Ebenbürtigkeit schon vor dem Eintritt der Staaten in die konstitutionelle Verfassung ein Erfordernis der Thronfolgeberechtigung bildete und zwar nach Hausrecht, ist ihr Stillschweigen mangels anderweiter Einschränkung dahin auszulegen, dass auch für die Ebenbürtigkeit als Voraussetzung des Thronfolgerechtes die Normen gelten sollen, welche das jeweilige Hausrecht für die Ebenbürtigkeit als Bedingung der Hauszugehörigkeit aufstellt.

An sich würde ja gelten: die Regelung des Ebenbürtigkeitsbegriffes für das Gebiet der Thronfolge ist Sache des Staates. Allein da bisher hierüber auch in seiner Bedeutung für das Thronfolgerecht Hausrecht galt, ist davon auszugehen, dass der Verfassungsgesetzgeber hätte ausdrücklich sagen müssen: die nähere Festsetzung des Ebenbürtigkeitsbegriffes der Thronfolgeordnung

[1]) „Hausgesetzlich" hat hier eine besondere Bedeutung. Es bedeutet die nach dem Hausgesetz vom 19. Okt. 1831 d. h. mit landesfürstlicher Bewilligung, geschlossene Ehe. Vergl. Hausgesetz vom 19. Nov. 1836 Kap. III § 3 (Schulze, Hausgesetze der reg. deutschen Fürstenhäuser Bd. I S. 493).

bleibt besonderem Staatsgesetz vorbehalten, wenn er vermeiden wollte, dass die Ansicht entstand, er habe dem Hause die Befugnis delegiert, den Grad der Ebenbürtigkeit auch mit Wirkung für die staatliche Beziehung der Thronfolge zu bestimmen.

Somit hat der Verfassungsgesetzgeber das Hausrecht stillschweigend mit der Kraft ausgestattet, in Bezug auf Ebenbürtigkeitsbestimmung auch fernerhin zugleich für das staatliche Thronfolgerecht massgebend zu sein. So schon „Modernes Fürstenrecht“ S. 185. Dagegen Tezner[1]) S. 60 und 65.

Keineswegs ist diese Ermächtigung, diese Kraft ausdrücklich erteilt durch den Satz: Im übrigen gilt für die Verhältnisse des Fürstenhauses Hausrecht.

Wir legten in § 5—7 ausführlich dar, wie dieser Satz sich nur auf Verhältnisse bezieht, welche die Thronfolge nicht berühren, nicht weiter auf solche, welche dieselbe auch betreffen.

B. Das ergibt auch der Wortlaut der einschlägigen Bestimmungen. Bayr. Verfassung Tit. II § 8 bemerkt: „Die übrigen Verhältnisse der Mitglieder des königlichen Hauses richten sich nach den Bestimmungen des pragmatischen Familiengesetzes.“ Der Gesetzgeber hat also ein bestimmtes Hausgesetz, nicht beliebige ältere Hausverträge und Haustestamente im Sinne. Gemeint ist die Kodifikation des Hausrechtes in einem Gesetze. Das zur Zeit des Erlasses der Verfassungsurkunde in Kraft stehende datierte vom 18. Jan. 1816 (s. Schulze, Hausgesetze der der reg. deutschen Fürstenhäuser Bd. I S. 322). Dasselbe enthielt nichts über Ebenbürtigkeit. Hierüber bestimmte älteres Hausrecht. Somit kann in Tit. II § 8 nicht jene Verleihung von staatsrechtlicher Kraft an das betreffende Hausrecht enthalten sein, ganz abgesehen davon, dass nach dem ganzen Zusammenhange Verhältnisse, welche Haus und Staat berühren, soweit sie letzteres tun, im Sinne des genannten Verfassungsartikels eben keine Verhältnisse (der Mitglieder) des Hauses darstellen.

Wenn das bayr. Familiengesetz von 1816 zugleich als Staatsgesetz erklärt ist, so gründet sich dies darauf, dass es auch Staatsangelegenheiten ordnet. Vergl. Fürstenrecht S. 106. Der Schöpfer der Verfassung von 1818 hat die letzteren (Thronfolge und Regentschaft) selbst geregelt und denkt sich daher als das pragmatische Familiengesetz eines, welches nur Verhältnisse des Hauses bestimmt. Daher ergeht auch alsbald ein neues Familienstatut vom 5. Aug. 1819. In demselben (Schulze a. a. O. S. 337) wird auf Thronfolge und Regentschaft nur auszugsweise als jetzige Verfassungsbestandteile verwiesen. Das neue Familiengesetz ist daher nur als solches, nicht zugleich als Staatsgesetz verkündet.

---

[1]) Er verlangt immer eine ausdrückliche Übertragung.

C. Das Ergebnis des Ganzen ist: die Hausgesetzgebung hat die Kraft, das bisher schon hausrechtlich bestimmte Ebenbürtigkeitsprinzip auch mit Wirkung für die Thronfolge zu verändern, zu verengern oder zu erweitern, ohne dass es hiefür einer Zustimmung der Volksvertretung, eines verfassungsändernden Gesetzes bedarf.

D. Allein dies gilt nur dann, wenn die Verfassungsurkunden die Zustimmung der Landstände nicht vorbehalten.

1. Über einen solchen Vorbehalt schweigen lediglich die Verfassungen von Bayern und Sachsen und von Koburg und Gotha. Er fehlt hier also. Dabei ist noch hervorzuheben, dass im Gegensatz zum bayrischen Staatsgrundgesetz denjenigen für Sachsen und Koburg und Gotha die Klausel: „Im übrigen richten sich die Verhältnisse des regierenden Hauses nach Hausrecht" fremd ist, so dass hier alle Bedenken wegfallen.

Die hessische Verfassung schliesst jenen Vorbehalt ausdrücklich aus, indem es hier in dem uns schon (S. 31) bekannten Art. 5 nach dem Satze: „Die Regierung ist . . . . erblich . . . . vermöge Abstammung aus ebenbürtiger . . . . Ehe" wörtlich heisst: „Die diesen Grundsätzen gemässen näheren Bestimmungen . . . . werden durch das Hausgesetz festgesetzt, welches insoferne einen Bestandteil der Verfassung bildet." Der Verfassungsgesetzgeber erteilt also im voraus seine Einwilligung.

Zugleich lautet der Rechtssatz: die näheren Bestimmungen werden durch das Hausgesetz festgesetzt. Somit ist bis dahin das alte Hausrecht hierüber mit staatsrechtlicher Wirkung ausgestattet.

2. Anders liegt die Sache bei Württemberg, Braunschweig und Hannover.

Dieselben schränken ausdrücklich die Zuständigkeit der Hausgesetzgebung dermassen ein, dass hieraus hervorgeht: wenn in diesen Staaten ein neues Hausgesetz über Ebenbürtigkeit auch für die Thronfolgefähigkeit Geltung erhalten soll, so bedarf es hiezu einer Verfassungsänderung, des Verfassungsänderungsverfahrens, einer Mitwirkung der Landstände, wie zu einem verfassungsändernden Gesetze.

Württemberg bestimmt (§ 18): „Die Verhältnisse der Mitglieder des Königlichen Hauses zum Könige, als Oberhaupt der Familie, und unter sich, werden in einem eigenen Hausgesetze bestimmt."

Neuem Hausrechte ist demzufolge lediglich überlassen, das Verhältnis des Königlichen Hauses nach Innen, die hausrechtlichen Wirkungen desselben zu verändern. Die alten hausrechtlichen Bestimmungen über den als Voraussetzung der Thronanwartschaft notwendigen Grad von Ebenbürtigkeit kann ein neues Hausgesetz mit Wirkung für die Thronfolge als Staatsangelegenheit lediglich unter Mitwirkung der Volksvertretung umgestalten.

Unmittelbarer sprechen das gleiche die Konstitutionen für Braunschweig und Hannover aus.

Die neue Landschaftsordnung Braunschweigs vom 12. Okt. 1832 § 23 und das hannoversche Landesverfassungsgesetz vom 6. Aug. 1840 § 26 lauten nahezu übereinstimmend: „Die inneren Verhältnisse des herzoglichen Hauses werden von dem Landesfürsten als dem Oberhaupte der Familie durch Hausgesetze geordnet."

Äussere Verhältnisse der Familie, Wirkungen von Familienereignissen für das Staatsleben, sind der Ordnung durch neues Hausrecht entzogen. Gemischte Verhältnisse, wie ein solches regulär die Ebenbürtigkeit darstellt, vermögen in einem neuen Hausgesetze nur unter Zustimmung der Stände Regelung zu finden, d. h. nur unter dieser Voraussetzung haben sie auch gegenüber dem Staate Regelung erfahren.

Beide Grundgesetze unterwerfen sogar teilweise die Ordnung innerer Verhältnisse der ständischen Mitwirkung. Denn wenn sie auch ausdrücklich bemerken: „Die Hausgesetze bedürfen der ständischen Zustimmung nicht," so fügen sie doch weiter einschränkend hinzu: „Es können indes durch dieselben keine in diesem Landesgrundgesetze enthaltenen Bestimmungen abgeändert werden," somit selbst darin geordnete innere Verhältnisse nicht, wie solche die Erziehung des minderjährigen Landesfürsten (Braunschweig § 22, Hannover § 25) und in Hannover die Sorge für den geisteskranken Monarchen sind.

E. Sehr deutlich kommt das Wesen der Erbfolge als äusseres Familienverhältnis in dem früheren hannoverschen Rechte und im Rechte von Reuss j. L. zum Ausdruck.

Im Gegensatze zum Landesverfassungsgesetze von 1840 hat das erste von 1833 Kap. II § 6 die Ordnung der Erbfolge in Hannover teilweise dem Hausrechte überlassen. Formell wurde dieselbe dadurch teilweise zu einem rein inneren Verhältnis in der Sprache jenes Verfassungsgesetzes. Denn auch dieses bestimmte (in § 26): „Die inneren Verhältnisse des königlichen Hauses werden vom Könige als Oberhaupt der Familie durch Hausgesetze bestimmt." Allein die wahre Natur der Thronfolge als ein inneres und äusseres Verhältnis, im Sinne der Verfassung als nur äusseres Verhältnis, dringt trotzdem durch. Denn § 26 der Konstitution von 1833 fährt fort: „Es soll jedoch das vom Könige zu erlassende und den allgemeinen Ständen mitzuteilende Hausgesetz, insoweit dasselbe die Erbfolge angeht, nicht ohne Zustimmung der Stände abgeändert werden." Vergl. Aktenstücke der vierten allg. Ständeversammlung des Königreichs

Hannover 1832. Erste Diaet. II. Teil S. 1293 u. 1238. Die Verfassung von 1840 ermächtigt die Hausgesetzgebung nicht mehr, die staatsrechtliche Seite der Thronfolge ergänzend zu ordnen. Demgemäss bildet die letztere in dieser Verfassung auch sprachlich kein inneres Familienverhältnis mehr.

Das revidierte Staatsgrundgesetz für das Fürstentum Reuss j. L. v. 14. April 1852 enthält folgende charakteristischen Sätze.

§ 10 bestimmt: „Wegen des Eintritts der Volljährigkeit, der Ebenbürtigkeit, der Sonderung des fürstlichen Haus- und Privateigentums, der Verhältnisse der fürstlichen Witwen, der Nachgeborenen und anderen Angehörigen des fürstlichen Hauses gelten die ausführlichen Bestimmungen der Hausverträge und Familienherkommen."

Und § 11 fährt fort: „Die im hausverfassungsmässigen Wege zu stande gekommenen Veränderungen in den Hausgesetzen sollen, wenn sie die Ordnung in der Regierungsnachfolge, die Vormundschaft über den hiedurch zur Regierung berufenen Prinzen, die während derselben bestehende Regentschaft und die Volljährigkeit des letzteren betreffen, nur bis auf Zustimmung der Landesvertretung festgesetzt werden."

Hieraus geht wohl hervor, dass Veränderungen hausgesetzlicher Bestimmungen über Ebenbürtigkeit keiner Zustimmung der Volksvertretung bedürfen. Denn die Worte „Ordnung in der Regierungsnachfolge" beziehen sich auf § 8, wo die Successionsordnung, nicht eigentlich die Successionsfähigkeit geregelt ist, und die Worte „Vormundschaft und Regentschaft über den regierenden Fürsten" auf § 9, wo eben diese Fragen Bestimmung finden; auf § 10 bezieht sich lediglich die Wendung „Volljährigkeit des Fürsten". Allein indem die Verfassungsurkunde für die Ordnung in der Regierungsnachfolge nachträgliche Genehmigung der Landstände vorbehält, gibt sie zu erkennen, dass ihre Meinung ist, an sich gehöre die ganze Frage der Regierungsnachfolge der Staatsgesetzgebung an. Lediglich aus Zweckmässigkeitsgründen will sie nur die ihr für den Staat tatsächlich am wichtigsten erscheinenden Familientatbestände landständischer Mitwirkung unterwerfen. Sie rechnet hiezu die Frage des Volljährigkeitstermines für den Monarchen, nicht aber die Frage der Ebenbürtigkeit als Thronfolgevoraussetzung. Das ändert nichts am rechtlichen Wesen des Ebenbürtigkeitsmomentes.

II. Gesprochen wurde bisher von den Verfassungsurkunden, welche ausdrücklich bestimmen, dass Ebenbürtigkeit eine Bedingung der Thronfolgeberechtigung sei.

Eine andere Gruppe spricht das gleiche nur stillschweigend aus und zwar in zwei Formen, entweder so, dass sie über alles

Thronfolgerecht völlig schweigen oder so, dass sie hervorheben, die Krone sei im „Mannsstamme" dieses oder jenes Geschlechtes erblich.

A. Wie im „Modernen Fürstenrecht" S. 185 dargelegt, ist im ersten Falle das vorhandene Hausrecht in dem Umfange, in welchem es die Thronfolge ordnet, mit Übergang zum Persönlichkeitsstaat auch Staatsrecht geworden. Jede Änderung desselben bedarf daher einer Genehmigung der Landstände. So in Anhalt oder Sachsen-Weimar. Vergl. dazu a. a. O. auch Seite 438 V.

B. Die andere Form erkennen wir im Rechte von Schaumburg-Lippe, Waldeck und bis zum Thronfolgegesetz vom 14. August 1896 (s. Fürstenrecht S. 20) in der Verfassung von Schwarzburg-Sondershausen.

So heisst es z. B. im Verfassungsgesetz für Schaumburg-Lippe Art. 3: „Die Regierung ist erblich im regierenden fürstlichen Hause, zunächst im Mannsstamme desselben nach den Regeln der Erstgeburt und der Linealfolge."

1. Was Mannsstamm ist, bestimmt sich nach bisherigem Recht, also älterem Hausrecht. Und wie demzufolge damit gefordert ist natürliche und eheliche Abstammung, so ist mit dem Worte auch verlangt: ebenbürtige Abstammung.

In dem Worte Mannsstamm steht dies alles in der Verfassung, bildet somit Staatsrecht und kann daher auch der Ebenbürtigkeitsbegriff, wie er gerade diesem Hausrechte eigentümlich war, nur unter Mitwirkung der zu Verfassungsänderungen zuständigen Organe umgestaltet oder beseitigt werden.

Hieran wird auch nichts durch den Umstand geändert, dass jene Verfassungen, wie z. B. die von Schaumburg-Lippe und Waldeck (s. oben § 7 II A. u. B.) sagen, die Verhältnisse des Fürstenhauses ordnen die Hausgesetze oder werden durch solche geordnet werden.

Wie in § 7 dargelegt, sind darunter lediglich die inneren Beziehungen des Hauses gemeint. Soferne wegen des Zusammenhanges mit solchen auch das Verhältnis zwischen Haus und Staat in Hausgesetzen Regelung findet, kann deren Erlass die Mitwirkung der Volksvertretung nicht missen, denn es liegt dann Haus- und Staatsgesetz in einer Urkunde vor. Vergl. Fürstenrecht S. 55, 113, 114, 370.

Es bedarf somit gar keiner ausdrücklichen Vorschrift, dass die Hausgesetze, soweit sie Verfassungsrecht ändern, nicht ohne Genehmigung der Landstände ergehen können.

Wenn die Konstitution für Waldeck vorschreibt (§ 27): „Die Hausgesetze sind den Ständen zur Kenntnisnahme und, soweit nach dieser Verfassung erforderlich, zu ihrer Zustimmung vorzulegen," so ist der zweite Teil völlig überflüssig. Er versteht sich von selbst. Dagegen sind Hausgesetze, welche nicht den Wirkungskreis des Landtages berühren, an sich der Volksvertretung überhaupt nicht vorzulegen. Bloss der erste Teil schafft daher neues Recht.

In der Verfassung von Schaumburg-Lippe ist lediglich bestimmt: „Die (inneren) Verhältnisse des Fürstenhauses werden durch Hausgesetze geregelt." In der Verfassung von Sondershausen fehlt auch dieser sich von selbst verstehende Satz.

2. Das fürstlich Waldeck'sche Hausgesetz vom 22. April 1857 fixiert in § 7 auch den Ebenbürtigkeitsbegriff (s. Schulze a. a. O. Bd. III S. 426). Es erging „unter Zustimmung der Stände, soweit solche erforderlich". Demgemäss trat der neue Ebenbürtigkeitsbegriff auch für das staatliche Thronfolgerecht an die Stelle des alten.

§ 10.

Die Ebenbürtigkeit als Gegenstand der Hausgesetzgebung in Oldenburg insbesondere.

Zwei Gruppen von Verfassungsurkunden stellten wir bisher einander gegenüber.

Ein Teil der Verfassungen nennt die Ebenbürtigkeit ausdrücklich, ein anderer Teil nur stillschweigend als Thronfolgevoraussetzung des Staatsrechtes. Im ersteren Falle bedürfen Veränderungen des Ebenbürtigkeitsbegriffes der Mitwirkung des Landtages lediglich, wenn die Verfassungen eine solche Mitwirkung durch besonderen Rechtssatz vorbehalten (§ 9 I D.), im anderen Falle versteht sich solche Mitwirkung von selbst.

I. Das geltende Oldenburgische Staatsrecht zeigt einen eigentümlichen Entwicklungsgang. Der Regierungsentwurf vom 5. Juli 1848 wollte die oldenburgische Verfassungsurkunde der ersten Gruppe einreihen, die Volksvertretung derselben einen völlig selbständigen Typus geben. Das wirklich zu stande gekommene Verfassungswerk gehört der geschilderten zweiten Gruppe an.

A. In dem ursprünglich den Landständen vorgelegten Entwurfe vom 5. Juli 1848 bestimmte Art. 9: „Die Landesregierung ist erblich im Mannsstamme des Oldenburgischen Fürstenhauses nach dem Rechte der Erstgeburt und der Linealfolge vermöge Abstammung aus ebenbürtiger Ehe." Durch Ministerialerlass vom 28. Aug. wurden in der ersten Landtagssitzung vom 1. Sept. 1848 verschiedene Änderungen zum Entwurfe vorgeschlagen, hinsichtlich Art. 9 jedoch nur die, dass statt der Worte „des oldenburgischen Fürstenhauses" der Passus: „des Herzogs Peter Friedrich Ludwig" gesetzt werde (Verhdlgn. zur Vereinb. des Staatsgrundgesetzes S. 20).

Die Änderung könnte auf den ersten Blick allerdings als eine solche angesehen werden, welche auch das Verhältnis zwischen Ebenbürtigkeitsordnung und Hausgesetzgebungszuständigkeit von Grund aus umgestaltete. Wir berührten das schon in § 6 S. 25.

Solange in Art. 9 „Mannsstamm des oldenburgischen Fürstenhauses" stand, konnte kein Gedanke daran sein, dass durch grossherzoglich oldenburgisches Hausgesetz die Ebenbürtigkeit auch mit Wirkung für das Thronfolgerecht Regelung erfahre. Denn Art. 22 des Entwurfes bemerkte lediglich: „Im übrigen werden die Verhältnisse des Grossherzoglichen Hauses vom Grossherzog hausgesetzlich bestimmt."

Dies würde sich infolge der neuen Proposition der Regierung für Art. 9 mit einem Schlage geändert haben; es würde eine Beziehung zwischen Art. 9 und 22 hergestellt gewesen sein, wenn sich nicht aus dem Zusammenhang des ganzen Abschnittes I (Art. 1—22) ergeben haben würde, wie in § 6 erwiesen, dass sich Art. 22 lediglich auf innere Hausverhältnisse bezog, so dass jede Neuordnung des Ebenbürtigkeitsbegriffes mit Wirkung auch für das Verfassungsrecht nicht vermocht hätte der ständigen Genehmigung zu entraten.

B. Der vorberatende Landtagsausschuss beantragte, Ebenbürtigkeit als Thronfolgevoraussetzung überhaupt zu beseitigen; es gebe keine Rücksichten des öffentlichen Wohls, welche eine derartige Beschränkung der freien Ehewahl rechtfertigten; und er meinte dies durch den Vorschlag zu erreichen, dass statt der Wendung „vermöge Abstammung aus ebenbürtiger Ehe" die Worte „vermöge ehelicher Abstammung" geschrieben würden (a. a. O. S. 72).

Die proponierte Neufassung war keine glückliche. Im Worte Mannsstamm lag trotzdem das Ebenbürtigkeitserfordernis versteckt. Mit Recht bemerkte der Abgeordnete Wibel I, bei der vorgeschlagenen Formulierung sei nicht ausgeschlossen, dass das Privatfürstenrecht auf diese Verhältnisse angewandt werde. Er beantragte daher zu setzen: „vermöge Abstammung aus landesgesetzlich gültiger Ehe" (a. a. O. S. 82). Die Versammlung stimmte dieser „Aufhebung der Ebenbürtigkeit" (S. 95) mit 21 Stimmen zu (S. 85). Es gab dann keine Ebenbürtigkeit als Thronfolgevoraussetzung mehr. Klar war dann, dass durch Hausgesetz Ebenbürtigkeit mit Wirkung für das staatliche Erbfolgerecht unter keinen Umständen mehr geordnet werden konnte.

Die Regierung war mit diesem Beschlusse erster Lesung nicht einverstanden. Zunächst erklärte sie durch Schreiben vom 18. Sept. 1848 (Verhdlgn. S. 427), eine schlüssige Erklärung gegenüber der landständischen Willensmeinung einstweilen noch aussetzen zu müssen. Der Landtag beharrte in zweiter Beratung bei seinem Vorschlag (S. 722 f.). Allein durch Schreiben vom 29. Dez. 1848 machte das Ministerium folgenden Vorschlag (S. 977): „Um die natürlichen Rechte des Grossherzogs als Hauptes der Familie mit den Interessen des Landes, insoweit diese dabei in Frage kommen können, zu vereinigen, wird es genügen, dem ersten Satze des Artikels nachstehende Fassung zu geben: „Die Landesregierung ist erblich im Mannesstamme des Herzogs Peter Friedrich Ludwig nach dem Rechte der Erstgeburt und der Linealfolge" und das Weitere dann dem Hausgesetze vorzubehalten." M. a. W. jeder Zusatz, auch der: „vermöge Abstammung aus landesgesetzlicher Ehe" sollte wegfallen.

Die zur Vorberatung hierüber zuständige Konferenzkommission verleugnete die bisher vom Landtag betroffene Beschlussfassung. Sie empfahl dem Regierungsantrage beizutreten (S. 1075).

Erläutert wurde es mit folgendem. Man habe unserem Fürstensohne (also dem Erbgrossherzog) nicht die Beschränkung auferlegen wollen, sich ebenbürtig zu vermählen. Auch habe man geglaubt, es könne (unter Umständen) für das Land eben nicht von Interesse sein, dass die Ehe des Fürsten eine ebenbürtige sei. Allein wolle man von der anderen Seite eine ebenbürtige Ehe und wünsche man dort alles dem Hausgesetze zu überlassen, so könne der Landtag dagegen gewiss nichts zu erinnern finden.

Nur eine Stimme erhob sich gegen den Antrag (S. 1075 u. 1162).

II. Auf den ersten Blick könnte man hienach glauben, geltendes Recht sei geworden, hausgesetzliche Neuordnung des Ebenbürtigkeitsbegriffes trete auch für die Thronfolge ohne weiters, d. h. ohne dass es ständischer Zustimmung bedürfe, in Kraft.

Allein da würde doch verschiedenes übersehen sein.

A. Vor allem ergibt schon die Entstehungsgeschichte des Artikels ein anderes Bild.

1. Erstens ist es unzutreffend, dass die Regierung wünschte, „alles" dem Hausgesetze zu überlassen. Sie beantragte lediglich, das „Weitere" ihm vorzubehalten.

Die Erläuterung der Konferenzkommission übersah, dass die Regierung ja keinen Zusatz zu dem von der Hausgesetzgebung handelnden Art. (21) vorschlug. Sondern was dieselbe proponierte, war, dass die Ebenbürtigkeit unter die allgemeine Vorschrift des Hausgesetzgebungsparagraphen trete. Wir wiesen in §§ 5—7 aber nach, dass hienach der Regelung durch Hausgesetz lediglich solche Familienverhältnisse überlassen sind, welche ihrer Natur nach nur innere sind.

2. Dazu kommt: unterdessen war dem von der Hausgesetzgebung handelnden Artikel, welcher bisher bloss lautete: „Im übrigen werden die Verhältnisse des Hauses vom Grossherzog hausgesetzlich bestimmt," ein zweiter Absatz: „Das Hausgesetz ist dem Landtage zur Kenntnisnahme und, soweit nötig, zur Zustimmung vorzulegen" wesentlich auf Anregung der Landstände selbst angefügt.

Zur Zeit der ersten Beratung des Art. 9 (im Gesetze Art. 8) lag jener Zusatz noch nicht vor; aber zur Zeit der dritten Lesung.

Wir erinnern uns aus § 6, die Mehrheit des Ausschusses hatte eine völlige Streichung des Art. 22 (29 des Gesetzes von 1852) des Entwurfes vom 5. Juli 1848 vorgeschlagen, d. h. also Streichung des jetzigen Absatz I.

Regierung und Landtagsplenum waren anderer Meinung. Die Regierung (Vertreter Bucholtz) hob insbesondere hervor, es sei wünschenswert, im Staatsgrundgesetze auszusprechen, dass der Grossherzog allein das Recht habe, das Innere der grossherzoglichen Familie, rein privatrechtliche Bestimmungen zu regeln, damit diese Befugnis des Grossherzogs, welche der sonstigen Einheit entspreche — gedacht ist hier wohl an die Familiengewalt und Persönlichkeitsnatur des Hauses —, nie von den Familienangehörigen selbst bezweifelt werde" (S. 103). Auf Seite der Abgeordneten war bestimmend: man müsse eine Vorschrift über die Zuständigkeit der Hausgesetzgebung aufnehmen, um daran die Verfügung anreihen zu können, die Hausgesetze seien den Ständen vorzulegen, damit diese prüfen können, ob sie nicht in Angelegenheiten der Landtagskompetenz übergreifen.

Die meisten Bestimmungen der Hausgesetze bedürften allerdings der ständischen Zustimmung nicht, äusserte Landstand Kitz (S. 102), es könnten aber doch möglicherweise Bestimmungen darin getroffen sein, welche die Zustimmung der Stände erforderten.

Regierungskommissär Zedelius erwiderte hierauf, es verstehe sich von selbst, dass, wenn in den Hausgesetzen Bestimmungen getroffen werden, welche ihrer Natur nach der ständischen Zustimmung bedürften, diese Zustimmung zu ihrer Gültigkeit erforderlich sei. Kitz replizierte, es gebe auch Bestimmungen, bei welchen es nicht klar, sondern zweifelhaft sei, ob sie grundgesetzlich jener Zustimmung bedürften, und für solche Fälle wolle er den Ständen ihre Erklärung vorbehalten wissen (S. 102).

Auf diese Weise wurde der Vorschlag des Regierungskommissärs Runde angenommen, in Art. 22 einzuschalten: „soweit nötig mit ständischer Mitwirkung". Abgeordneter Wibel hatte beantragt „zur Kenntnisnahme" einzufügen. Schliesslich wurde aus den Zusatzanträgen ein Absatz II gebildet: Das Hausgesetz ist dem Landtage zur Kenntnisnahme und soweit nötig zur Zustimmung vorzulegen (S. 103). Somit trotz Vorbehalt für die Hausgesetzgebung kein Ausschluss ständischer Zustimmung.

3. Ferner ergibt das Entstehungsmaterial, dass selbst die Regierung nicht entfernt daran dachte, in der Ebenbürtigkeit lediglich eine innere Hausangelegenheit zu erblicken.

Als die Aufhebung des Ebenbürtigkeitserfordernisses für die Thronfolge beantragt war, begründete sie die Beibehaltung desselben ausschliesslich mit staatlichen Interessen.

Der Regierungskommissär Bucholtz bemerkte (S. 84): Die Staatsregierung sei zwar mit dem Verfassungsausschusse darin einverstanden, dass Ebenbürtigkeit gewissermassen als eine Beschränkung fürstlicher Personen aufzufassen sei, nicht aber darin, dass sie aus Gründen des öffentlichen Wohles unerforderlich sei. Sie entrücke den Fürsten den Verwickelungen des gewöhnlichen Privatlebens, halte ihn ab von vertraulichen Beziehungen mit einzelnen Staatsangehörigen, und biete so den Intriguen, Begünstigungen und dem Nepotismus minderen Spielraum dar, als wenn Privatfamilien durch Gestattung ehelicher Verbindungen mit dem regierenden Hause ihre ehrgeizigen Bestrebungen zur Erfüllung bringen könnten. Freilich habe nach der Erfahrung der Geschichte die Ebenbürtigkeit auch ihre Schattenseite; allein in der Politik gelte es oft, von zwei Übeln das kleinere zu wählen; die Staatsregierung halte den Vorschlag des Verfassungsausschusses für das grössere.

Indem der Landtag darein willigte, dass das Ebenbürtigkeitserfordernis nicht grundgesetzlich beseitigt werde, trat er diesen Anschauungen der Regierung bei. Abgeordneter Selckmann meinte sogar, als der Landtag dem Regierungsantrage zustimmte, das Weitere dem Hausgesetze vorzubehalten: schon der Verfassungsausschuss habe früher die Änderung des Wortes „ebenbürtiger" in „landesgesetzlicher" nur aus dem Grunde beantragt, weil es für das Land (unter Umständen) eben nicht von Interesse sein könne, dass die Ehe des Fürsten eine ebenbürtige sei (S. 1075).

B. Zu dem gleichen Ergebnis führt aber auch eine Betrachtung der Art. 17 mit 29, losgelöst von der Geschichte ihrer Entstehung.

1. Art. 29 §§ 1 u. 2 bestimmt: Im übrigen werden die Verhältnisse des grossherzoglichen Hauses vom Grossherzog hausgesetzlich bestimmt. Das Hausgesetz ist dem Landtage zur Kenntnisnahme und soweit nötig zur Zustimmung vorzulegen.

Wäre zutreffend, dass das Staatsgrundgesetz gar keine Vorschriften über Ebenbürtigkeit als Thronfolgevoraussetzung aufstellt, sondern die Regelung der Ebenbürtigkeitsfrage auch nach deren Aussenwirkung dem Hausgesetze vorbehält, so würde die Konsequenz sein, dass vom Erlass des Staatsgrundgesetzes — 18. Febr. 1849 — an bis zur Verkündigung des Hausgesetzes vom 1. Sept. 1872 Ebenbürtigkeit kein Erfordernis der Thronfolgefähigkeit bildete. Denn Art. 29 (vorher 21) des Gesetzes sagt: Die Verhältnisse des Hauses werden hausgesetzlich geregelt, das Hausgesetz wird dem Landtage vorgelegt werden. Somit wäre mit dem 18. Febr. 1849 älteres Hausrecht hierüber beseitigt worden.

Allein dies war gewiss nicht die Absicht des Gesetzes und der Gesetzesverfasser seit der dritten Lesung. Die älteren Normen sollten weiter gelten auch für die staatsrechtlichen Wirkungen von Ehen und Geburten im fürstlichen Hause, somit für das Gebiet der Thronfolge.

Wodurch war es möglich? Lediglich durch Vermittelung des Wortes „erblich im Mannesstamme" in Art. 17 des Staatsgrundgesetzes. Auf diese Weise wurde das bezügliche ältere Hausrecht für den Staat zu Staatsrecht; denn es ist in einem Verfassungsworte mit enthalten. Jede Wendung „gemäss den Hausgesetzen" und ähnliches fehlt. Immer und immer wieder wird in den Verhandlungen des verfassungsberatenden Landtages betont: nur grundgesetzlich seien die Agnaten zur Thronfolge berufen, nur vom Staate hätten sie ein Erbrecht (s. a. a. O. S. 83, 84), lediglich ein Erbrecht nach den Bestimmungen des Staatsgrundgesetzes stehe ihnen zu.

Demgemäss besitzen die alten Ebenbürtigkeitsnormen den Charakter von verstecktem Verfassungsrecht. Somit können sie nur unter Zustimmung der Volksvertretung, wie sonst Verfassungsrecht, bloss in den Formen von Staatsgrundgesetz Art. 212 abgeändert werden. So auch Saxl, Die Thronfolgeberechtigung des aus der im J. 1875 abgeschlossenen Ehe des Herzogs Elimar von Oldenburg . . . entsprossenen Sohnes Alexander und dessen Zugehörigkeit zum Grossherzoglich Oldenburgischen Hause 1904 (Wien, Gerlach u. Wiedling) S. 47 u. 48. Ebenso Tezner S. 60 u. 65.

2. Nimmt man an und wäre Rechtens, dass durch Hausgesetzgebung ohne ständische Zustimmung die Ebenbürtigkeit auch als Voraussetzung der Successionsfähigkeit geregelt zu werden vermag, so ist nicht abzusehen, warum das Gleiche nicht auch für andere Voraussetzungen der Thronfolgeberechtigung gelten sollte.

Ebenbürtigkeit bildet ein Erfordernis, eine Bedingung des Begriffes „Mannesstamm des Herzogs Peter Friedrich Ludwig". Ebenso stellen aber solche Elemente dieses Begriffes dar: natürliche, eheliche Nachkommenschaft dieses Herzoges.

Kann das grossherzogliche Haus ohne ständische Mitwirkung den Ebenbürtigkeitsbegriff umgestalten oder beseitigen, so muss es das nämliche hinsichtlich des Erfordernisses der Ehelichkeit und

Natürlichkeit der Abstammung vermögen; daher vorschreiben können, dass auch uneheliche natürliche Abstammung oder künstliche Abstammung genüge.

Letztere ist in doppelter Form denkbar, als Annahme an Kindesstatt und in Form der Angliederung als Nebenlinie.

Nach dieser Theorie hätte es somit keiner Zustimmung des Landtages bedurft, um der Glücksburger Linie des Sonderburger Hauses die Thronanwartschaft in Oldenburg für das ganze Staatsgebiet zu verschaffen. Es würde hiezu der Aufnahmevertrag zwischen beiden Häusern genügt haben.

Denn in all diesen Fällen — Unehelichkeit, künstliche Mitgliedschaftsbegründung — handelt es sich wie bei der Ebenbürtigkeit um Verhältnisse des grossherzoglichen Hauses, um Hausverhältnisse.

Vermag die Hausgesetzgebung für sich allein e i n e Bedingung des Mannesstammbegriffes umzugestalten, so ist kein Grund ersichtlich, warum das Gleiche nicht auch bezüglich aller anderen Elemente sollte geschehen können. Hieraus resultiert dann aber: die Hausgesetzgebung ist für sich allein im stande, den Begriff „Mannesstamm des Herzogs Peter Friedrich Ludwig" als Thronfolgevoraussetzung beliebig zu verändern, seine Elemente herabzumindern, auch unebenbürtige, uneheliche, künstliche Abkömmlinge zuzulassen oder seine Elemente zu steigern: höhere Grade von Ebenbürtigkeit, Ahnenproben, bestimmte Konfession, Reichsangehörigkeit als solche zu fordern.

III. Die Oldenburgische Hausgesetzgebung der W i r k l i c h k e i t hat sich nicht für befugt erachtet, die Linie Glücksburg mit der Wirkung in das grossherzogliche Haus als Nebenlinie aufzunehmen, dass dieselbe fortan auch im Sinne des Oldenburgischen Staatsgrundgesetzes als Bestandteil des Mannesstammes des Herzogs Peter Friedrich Ludwig gelte.

A. Nicht durch Hausgesetz, sondern durch Staatsgesetz — Gesetz vom 19. Okt. 1904 —, durch V e r f a s s u n g s gesetz wurde ausgesprochen, dass der Glücksburger Zweig des Sonderburger Hauses in Bezug auf Thronfolgefähigkeit, Ebenbürtigkeit und Stellung zu Krongut, Sustentation, Abgabenfreiheit für das Privatvermögen eventuell bezw. jetzt schon nach den gleichen Normen behandelt werden soll, wie der Mannesstamm jenes Herzogs Peter Friedr. Ludwig.

Durch Verfassungsgesetz ist verfügt: 1. Nach dem Abgang des genannten Mannesstammes geht die Erbfolge in die Landesregierung auf die Glücksburger Linie nach dem Rechte der Erstgeburt und der Linealfolge über. 2. Voraussetzung der Erbfolge ist die Abstammung aus ebenbürtiger Ehe; die Ebenbürtigkeit bestimmt sich nach den Vorschriften des Hausgesetzes des grossherzoglichen Hauses. 3. Die zwischen dem Grossherzoge und dem

Landtage wegen Sonderung des Domanialvermögens am 5. Febr. 1849 getroffene Vereinbarung bleibt auch für die Dauer der Regierungsnachfolge des Glücksburger Hauses in Geltung.

Gibt das oldenburgische Haus und der Oldenburgische Staat in der einen Richtung zu erkennen, dass das Haus ohne ständische Mitwirkung Hausverhältnisse nicht regeln kann, welche auch den Staat, die Thronfolge und was damit zusammenhängt, berühren, dann wird damit zugleich bekundet, dass das nämliche auch in anderen Richtungen unmöglich ist.

Insbesondere gilt dies für das Merkmal der Ebenbürtigkeit: ohne Zustimmung des Landtages vermag dasselbe weder beseitigt, noch verschärft zu werden.

B. In letzterer Hinsicht liegt in dem Thronfolgegesetz vom 19. Oktober 1904 ein bemerkenswertes Anerkenntnis, dass 1872 unzutreffend verfahren wurde und demgemäss für natürliche eheliche Nachkommen Herzog Peter Friedrich Ludwigs die Ebenbürtigkeitsbestimmungen des Hausgesetzes vom 1. September 1872 heute noch nicht bindende Voraussetzungen der Thronfolgefähigkeit darstellen.

In dem genannten Gesetz wird hinsichtlich der Erbfolge des Glücksburger Hauses verordnet: „Voraussetzung der Erbfolge ist die Abstammung aus ebenbürtiger Ehe." Wenn dies für das eventuell erbberechtigte Haus verfassungsrechtlich vorgeschrieben wird, so ist als Gedankengang doch zu vermuten, dass das nämliche bisher für die gegenwärtig thronfolgeberechtigte Familie verfassungsrechtlich galt. Also schwebte dem Gesetzgeber vor, dass der angeführte Rechtssatz für das regierende grossherzogliche Haus gilt, weil er latent in dem Begriffe Mannesstamm enthalten ist. Stellte der Rechtssatz aber bislang bereits Staatsrecht dar, dann konnte ihn Hausrecht nicht, ohne dass es zugleich zu Staatsrecht wurde, d. h. nicht ohne ständische Zustimmung umbilden. Demzufolge bedurfte eine umgestaltende Norm des Hausgesetzes zu ihrer staatsrechtlichen Wirksamkeit der parlamentarischen Einwilligung.

Dazu tritt: die Novelle zum Staatsgrundgesetz vom 19. Oktober 1904 verfügt bezüglich der Erbfolge des Glücksburger Mannesstammes weiter: „Die Ebenbürtigkeit bestimmt sich nach den Vorschriften des Hausgesetzes des grossherzoglichen Hauses."

Diese Vorschrift war überflüssig, wenn die gesetzgebenden Faktoren geglaubt hätten, die Hausgesetzgebung vermöchte ohne staatliche Mitwirkung den Mannesstammbegriff des grossherzoglichen Hauses auch mit Bindung für den Staat umzugestalten. Denn dann würde lediglich erforderlich gewesen sein, dass das grossherzogliche Haus die verfassungsrechtlich für thronfolgeberechtigt erklärte

Familie Glücksburg durch Hausgesetzgebungsakt in seinen Hausverband aufgenommen hätte. Die Vorschriften des Hausgesetzes vom 1. Sept. 1872 würden auf diese Weise ohne parlamentarische Zustimmung für jene Familie bindend geworden sein. Ebenso wäre bei solchem Gedankengang unnötig gewesen, dass in das genannte Gesetz vom 19. Okt. 1904 die Vorschrift Aufnahme fand, der Ausschluss der weiblichen Erbfolge solle auch für die Regierung des Glücksburger Hauses gelten.

Indem Regierung und Landtag die drei angeführten Normen in das neue Verfassungsgesetz aufnahmen, brachten sie zum Ausdruck, dass ein Hausgesetz in jener Form der Angliederung der für eventuell thronfolgeberechtigt erklärten Familie an das regierende Herrscherhaus den erwähnten Rechtssätzen nach Aussen, für die grundgesetzlich geordnete Thronfolge, keine Rechtsgültigkeit zu verleihen vermöchte.

IV. Dem Vorgetragenen steht natürlich nicht entgegen, dass Ministerium und Parlament bei Erlass des Hausgesetzes vom 1. Sept. 1872 der Meinung waren, keine einzige Bestimmung desselben bedürfe ständischer Einwilligung.

Ausweislich der „Protokolle über die Verhandlungen des 17. Landtages des Grossh. Oldenburg" Anlage 25 S. 119 richtete das Oldenburgische Staatsministerium unter dem 14. Sept. 1872 an die Landstände nachstehendes Schreiben: „Dem Landtage beehrt sich das unterzeichnete Staatsministerium ein von Seiner Königlichen Hoheit dem Grossherzog unter dem 1. Sept. d. J. erlassenes Hausgesetz für das grossherzoglich Oldenburgische Haus unter Bezugnahme auf Art. 29 des Staatsgrundgesetzes zur Kenntnisnahme mitzuteilen."

In der Landtagssitzung vom 10. Dez. 1872 (a. a. O. S. 80) bemerkte der Präsident: „Ich habe in Betreff des von S. K. H. erlassenen Hausgesetzes, welches dem Landtage zur Kenntnisnahme mitgeteilt und bei der Geschäftsverteilung an den Justizausschuss verwiesen worden sei, in Veranlassung dieses Ausschusses mitzuteilen, dass derselbe als seine Aufgabe angesehen hat zu prüfen, ob das Hausgesetz mit dem Staatsgrundgesetz im Einklang stehe, oder ob etwa Bestimmungen darin enthalten seien, die einer Zustimmung des Landtages bedürfen, und dass der Ausschuss in dieser Beziehung zu Anträgen keine Veranlassung gefunden habe. Hiernach werde es wohl auch einer Berichterstattung von seiten des Ausschusses nicht bedürfen und die Sache durch diese Präsidialmitteilung ihre Erledigung finden, falls nicht von einem Abgeordneten noch ein Antrag dieserhalb gestellt werde."

Ein solcher Antrag kam nicht ein und das Hausgesetz wurde im Landtagsarchiv reponiert.

Wir sehen: Berichte und Anlagen geben keinen Aufschluss, welche rechtliche Auffassungen der Erwägung zu Grunde lagen, das Hausgesetz bedürfe nur einer Vorlage zur Kenntnisnahme. Weder das Ministerium noch der Landtag sprechen sich hierüber aus.

Wir legten dar, dass diese Art der parlamentarischen Behandlung des Hausgesetzes unzutreffend war und dass aus dem Verfahren, welches Regierung und Landstände bei Schaffung der neuen Thronfolgeordnung einschlugen, erhellt: beide Teile würden, wenn heute erst jenes Hausgesetz zur Vorlage an den Landtag gebracht würde, die Überzeugung haben, es enthalte Punkte, welche wegen der Wirkung, die sie auch für das Thronfolgerecht erhalten sollen, die parlamentarische Einwilligung benötigen.

Hieraus folgt: um die betreffenden Vorschriften wenigstens für die Zukunft, für die erst zur Geburt gelangenden Abkömmlinge Herzog Peter Friedrich Ludwigs und soweit noch notwendig für die neue erbberechtigte Nebenlinie, in den die Thronfolge berührenden Familienverhältnissen mit verbindlicher Kraft auszustatten, ist erforderlich, ehestens die parlamentarische Zustimmung hiezu einzuholen.

V. Durchaus unzutreffend war es auch, dass die Oldenburgische Regierung das Abkommen des Grossherzogs mit dem Herzog zu Holstein-Glücksburg vom 29. Mai 1904 über eventuelle Angliederung der Glücksburger Linie an das Oldenburger Herrscherhaus dem Landtage nur „zur gefälligen Kenntnis"[1]) und nicht soweit als erforderlich auch zur Zustimmung mitteilte und der Landtag eine solche in keinem Punkte sich vorbehielt.

Vielleicht bestand die Erwägung, dass erst das auf Grund des Abkommens nach Annahme der Thronfolgerechtsnovelle zu erlassende Hausgesetz verfassungsmässig vorzulegen sei. Allein am Schlusse jenes Abkommens[2]) steht bereits, nach Erlass des Gesetzes über das Thronfolgerecht solle die Angliederung durch ein dieser Übereinkunft entsprechendes Zusatzgesetz zum Hausgesetz vollzogen werden, und das Zusatzgesetz ist bereits erlassen — gleichzeitig mit dem Thronfolgegesetz — und zusammen mit ihm im Gesetzblatt für das Herzogtum Oldenburg Bd. 35 Stück 26 veröffentlicht.

Dies spricht mehr dafür, dass eine Absicht, dasselbe dem Landtage noch vorzulegen, bis jetzt nicht besteht, sondern die Meinung obwaltet, es sei die verfassungsmässige Pflicht bereits durch Vorlage der erwähnten Vereinbarung erfüllt.

---

[1]) XXIX. Landt. 1. Vers. 1904 Anlage 1 S. 2.

[2]) A. a. O. S. 29.

Allein das Hausgesetz vermag die Prinzen und Prinzessinnen der neuen Nebenlinie wohl zu Prinzen und Prinzessinnen des grossherzoglichen Hauses im Sinne des Hausgesetzes vom 1. Sept. 1872 zu machen, nicht aber zu solchen im Sinne der Verfassung.

Das in dieser Hinsicht zur Anwendung gelangende Prinzip habe ich im Modernen Fürstenrecht S. 247 nachgewiesen.

Die Oldenburgische Verfassung bestimmt in Art. 23, in gewissen Fällen der Regentschaft habe das Staatsministerium eine Zusammenkunft der volljährigen Prinzen des grossherzoglichen Hauses zu veranlassen, welche über das Erfordernis einer Regentschaft beschliesse.

Trotz der Bestimmung des neuen Hausgesetzes, die aufgenommene Nebenlinie gehöre „dem Verbande des grossherzoglichen Hauses" an (Art. 2), stellen deren Mitglieder keine Prinzen des grossherzoglichen Hauses im Sinne jenes Verfassungsartikels so lange dar, als das Hausgesetz in diesen ausschlaggebenden Sätzen nicht die Zustimmung des Parlamentes fand. Denn nach der Verfassung stehen im Verbande des grossherzoglichen Hauses, sind Prinzen desselben nur natürliche Abkömmlinge des verfassungsmässigen Stammvaters d. i. Herzog Peter Friedrich Ludwigs.

§ 11.

Die Einzelbestimmungen über landesfürstliche Heiratserlaubnis und Ebenbürtigkeit in Oldenburg.

I. Von einem Rechtsinstitut, das sachlich mit der Ebenbürtigkeit enge zusammenhängt, haben wir, trotzdem es nahe lag, in den §§ 9 und 10 nicht mitgesprochen, von der landesfürstlichen Heiratserlaubnis. Es geschah, um Unterbrechungen des Gedankenganges zu vermeiden.

Wenn feststeht, in welchem Verhältnis zu Staats- und Hausgesetzgebung das Rechtsinstitut der Ebenbürtigkeit sich befindet, dann erhellt von selbst, welche Stellung der Einrichtung des landesherrlichen Ehekonsenses in der angegebenen Richtung einzuräumen ist.

In § 8 sprachen wir von der Doppelfunktion, welche dieser Einrichtung zukommen kann und der Regel nach zukommt.

Wir bemerkten dort, dass die Notwendigkeit familienhäuptlicher Eheerlaubnis vor allem als Bedingung der Thronfolgeberechtigung in Betracht kommt.

Soweit das der Fall ist, besitzt für das Erfordernis landesfürstlicher Heiratseinwilligung eben das nämliche Geltung, was für alle anderen Voraussetzungen der Successionsfähigkeit Rechtens ist: ihre Einführung als Voraussetzung der staatsgrundgesetzlichen

Thronfolgeanwartschaft verlangt ein Staatsgesetz oder mindestens ein unter ständischer Mitwirkung ergehendes Hausgesetz.

Das gilt hier in noch viel schärferem Masse, als bei Ebenbürtigkeit, Ehelichkeit und natürlicher Abstammung.

Diese sind Thronfolgevoraussetzungen schon nach gemeinem Privatfürstenrecht. Sie als Successionsbedingungen sind latent bereits mit dem Worte „Mannesstamm" gegeben. In Bezug auf die landesfürstliche Eheerlaubnis lässt sich das gleiche nicht behaupten. Sie ist als Nachfolgeberechtigungs-Erfordernis nicht zu vermuten, weder als staatsgesetzliches noch als hausgesetzliches. Ja die Vermutung spricht hier nicht einmal für das Vorhandensein einer Hausmitgliedschaftspflicht zur Erholung der familienhäuptlichen Heiratszustimmung und ebensowenig dafür, dass dem landesfürstlichen Ehekonsens die Natur einer Ehevoraussetzung beiwohnt, deren Gegebensein notwendig ist, damit die betreffende Ehe geeignet sei, den Abkömmlingen aus ihr die rechtliche Zugehörigkeit zu dem landesfürstlichen Hausverbande zu verschaffen. Vergleiche über das Bemerkte „Modernes Fürstenrecht" S. 217 mit 180; Saxl S. 43, Tezner S. 58.

Alles dies lässt deutlich das positive Recht ersehen. In ihm begegnet eine Reihe von Verfassungen, welche wohl die Ebenbürtigkeit, aber nicht die landesfürstliche Heiratseinwilligung als Voraussetzung der verfassungsmässigen Thronfolgefähigkeit anführen (so Königreich Sachsen, Reuss j. L.), während das Umgekehrte in keiner Verfassung anzutreffen ist. Und nicht weniger finden wir, dass des Erfordernisses nur in Staats- oder nur in Hausgesetzen Erwähnung geschieht. Letzteres ist z. B. in Waldeck der Fall.

Dazu kommt hier das eine: das Erfordernis des Heiratskonsenses hat zuerst im Staatsrecht Fuss gefasst, somit als Voraussetzung der verfassungsmässigen Thronfolge. Erst von da dringt es nach und nach auch in das Hausrecht als Bedingung des Hausmitgliedschaftserwerbs und als Massnahme der Hausdisziplin ein.

Die Gesamtheit dieser Einzelpunkte unterstützt die Richtigkeit der Meinung, dass der landesfürstliche Heiratskonsens eine Voraussetzung der grundgesetzlichen Thronfolgeberechtigung nur unter ständischer Zustimmung zu werden vermag. Gewiss stellt der Konsens auch in dieser Richtung ein Verhältnis des landesherrlichen Hauses dar, aber ein äusseres, ein Verhältnis zum Staat, nicht zum Familienverband und dessen Gliedern.

Wollte das oldenburgische Hausgesetz vom 1. Sept. 1872 die Einwilligung des Landesherrn zur Voraussetzung einer für die Abkömmlinge aus ihr grundgesetzliche Thronfolgefähigkeit begründenden Ehe machen, so konnte es insoweit ständischer Mitwirkung nicht entbehren.

II. Nunmehr erörtern wir die wirkliche Rechtslage bezüglich Ebenbürtigkeit und landesfürstlicher Heiratsbewilligung in Oldenburg.

Mit letzterer sei begonnen, weil bei ihr die Rechtsumstände einfacher gestaltet sind.

A. Als unbestritten darf angenommen werden, dass bis zum Hausgesetz vom 1. Sept. 1872 in Oldenburg nach keiner der drei angegebenen Richtungen die landesfürstliche Heiratserlaubnis als Rechtsinstitut galt. Günter Jansen, der Verfasser des Hausgesetzes, gibt in den Lebenserinnerungen an „Grossherzog Nikolaus Friedrich Peter" S. 107 ff. eine kurze Geschichte der Entstehung des Gesetzes. Er weist darauf hin, dass das Familienrecht der jüngeren Gottorper Linie „meist aus älterer Zeit" stamme. Das gleiche bestätigt der Eingang des Hausgesetzes vom 1. Sept. 1872. In dem Verfassungsentwurfe vom 5. Juli 1848 stand nichts von einer landesfürstlichen Heiratserlaubnis als Voraussetzung grundgesetzlicher Thronanwartschaft. Auch in den Verhandlungen des Landtages über Vereinbarung und dann 1852 über Revision des Staatsgrundgesetzes geschah dieses Institutes mit keinem Worte Erwähnung. Das Thronfolgezusatzgesetz vom 19. Okt. 1904, welches in ausdrücklichen Bestimmungen über Voraussetzungen der Thronfolgefähigkeit (für das Haus Glücksburg) weiter geht, als das ursprüngliche Thronfolgegesetz von 1849 bezw. 1852, denkt gar nicht daran, etwa so, wie es ausspricht: „Voraussetzung der Erbfolge ist die Abstammung aus ebenbürtiger Ehe", zu verfügen, Voraussetzung sei auch Abstammung aus einer mit Zustimmung des Grossherzogs geschlossenen Ehe. Vergl. Tezner S. 67. Selbst in den parlamentarischen Verhandlungen über diese Novelle wurde die Frage der landesherrlichen Eheerlaubnis mit keiner Silbe berührt.[1])

Das alles tut deutlich kund, dass das genannte Rechtsinstitut dem oldenburgischen Rechte nicht im Blute liegt, ihm bis zum Jahre 1872 völlig unbekannt war.

Hieraus folgt: bis dahin galt für unsere Frage holsteinisches Hausrecht. Und darüber besteht kein Zweifel, dass letzterem eine solch familienhäuptliche Heiratseinwilligung nach jeder Richtung, namentlich aber hinsichtlich der Thronfolgefähigkeit, durchaus fremd war.

Samwer, Die Staatserbfolge der Herzogtümer Schleswig-Holstein, 1844 S. 115—137 weiss hievon nichts zu berichten. Wie

---

[1]) Nur hausrechtlich ist es auch für die angegliederte Nebenlinie verfügt. Vergl. Abkommen vom 29. Mai 1904 § 4 (XXIX. Landtag 1. Vers. 1904 Anl. 1 S. 27) und Hausgesetz vom 19. Okt. 1904 Art. 5.

sehr war man dann in der Folgezeit bestrebt, für die Herzogtümer eine Successionsunfähigkeit des Augustenburger Hauses nachzuweisen! Wäre es möglich gewesen, hiezu auch die Frage des landesfürstlichen Heiratskonsenses aufzuwerfen, so würde es gewiss nicht unterlassen worden sein. Das „Rechtsgutachten des preussischen Kronsyndikats bezüglich der Herzogtümer Schleswig-Holstein und Lauenburg" vom 11. Sept. 1865 S. 91 ff. unterlässt jeden derartigen Versuch.

B. Demzufolge stellt es völlig neues Recht für Oldenburg dar, wenn Art. 8 des Hausgesetzes vom 1. Sept. 1872 bestimmt: „Die Prinzen und Prinzessinnen des grossherzoglichen Hauses können sich nicht anders als mit vorgängiger, schriftlich nachzusuchender und zu den Akten des Staatsministeriums, Departement des grossherzoglichen Hauses, schriftlich zu erteilender Einwilligung des Grossherzogs vermählen."

Dabei sind die Bestimmungen des Hausgesetzes über das neue Rechtsinstitut sehr eingehend.

Wer eine Ehe gegen die Vorschriften des Art. 8 schliesst, geht eine „hausgesetzwidrige Ehe" (Art. 11) ein. Das ist also der Fall, wenn die Ehe geschlossen wird, ohne die Einwilligung vorgängig oder schriftlich oder überhaupt nachzusuchen, oder wenn sie eingegangen wird, ohne die Einwilligung oder wenigstens keine schriftliche erhalten zu haben.

Die Folgen der hausgesetzwidrigen Ehe sind: 1. sie überträgt auf den angeheirateten G a t t e n und die in solcher Ehe erzeugten K i n d e r keinerlei Rechte in Bezug auf Stand, Titel und Wappen, 2. sie begründet dem grossherzoglichen Hause gegenüber keinerlei Successions- und sonstige Verwandtschaftsrechte oder Vermögensansprüche.

Nicht jede hausgesetzwidrige Ehe bringt nach dem Hausgesetz auch Nachteile für das jene Ehe eingehende M i t g l i e d mit sich.

Eine ganze oder teilweise Suspension bezw. Entziehung der hausgesetzlichen Apanagen und Unterhaltsbeiträge k a n n nach Art. 14 über M i t g l i e d e r nur verfügt werden, wenn sie a) entweder Vorschriften des Hausgesetzes verletzen oder b) sich Ungehorsam gegen Anordnungen des Oberhauptes zu Schulden kommen lassen oder c) ein mit der Ehre des Hauses nicht vereinbares Verhalten beobachten. Voraussetzung in allen diesen Fällen ist jedoch, dass Ermahnungen sich als u n w i r k s a m gezeigt haben. Demgemäss sind die von Art. 14 vorgesehenen Massnahmen lediglich statthaft, soferne die durch Verletzung der Hausgesetze, Ungehorsam oder standeswidriges Verhalten schuldhaft herbeigeführten Tatbestände ohne Verletzung von Recht und Moral noch rückgängig gemacht zu werden vermögen, hiewegen erfolgende Ermahnungen noch Erfolg haben können. Vergl. auch Tezner S. 99.

Die Vorschriften des Hausgesetzes verletzt ein Mitglied des Hauses nicht, wenn es trotz Versagung der landesherrlichen Einwilligung sich verehelicht. Denn eine Verpflichtung, in solchem Falle von der Verehelichung abzusehen, unterlässt das Hausgesetz zu statuieren.

Dagegen liegt eine Verletzung des Hausgesetzes vor, wenn das Mitglied schuldhafterweise die landesfürstliche Zustimmung überhaupt nicht oder nicht vorgängig oder nicht schriftlich nachsucht. Allein trotzdem kann nach erfolgter Eheschliessung von den Massnahmen des Art. 14 nicht mehr Gebrauch gemacht werden. Denn das Mitglied ist dann ausser stande, die eingegangene bürgerlich völlig gültige Ehe wieder zu lösen. Eine solche Zumutung will und kann das Hausgesetz dem Hausangehörigen nicht ansinnen. Das Hausgesetz will es für diesen Fall bei den wahrlich schon weitgehenden Folgen des Art. 11 bewenden lassen.

Das gleiche gilt, wenn das Familienhaupt die Erlaubnis nicht bloss versagt, sondern die Eheschliessung ausdrücklich verbietet und trotzdem geheiratet wird. Dann ist Ungehorsam gegen eine Anordnung vorhanden, aber die Anwendung des Art. 14 trotzdem aus der angegebenen Ursache ausgeschlossen.

Ebenso ist zu entscheiden, wenn die ohne Einholung der Erlaubnis oder trotz Versagung derselben geschehene eheliche Verbindung mit der Ehre des Hauses sich nicht verträgt, es müssten denn die Voraussetzungen zu einer Ehescheidung gegeben sein. In der blossen Tatsache des Abschlusses einer hausrechtlich unebenbürtigen Ehe oder einer landesfürstlich nicht genehmigten Ehe als solcher liegt noch kein mit der Ehre des Hauses unvereinbares Verhalten. Um dies annehmen zu können, müssen besondere Tatsachen hinzutreten.

Alle diese Rechtssätze finden sich nur im Hausgesetze. Trotzdem berühren sie sachlich ein auf die Thronfolge bezügliches Rechtsverhältnis, denn sie bringen den landesherrlichen Ehekonsens nicht bloss als eine Mitgliedschaftspflicht und als eine Voraussetzung des Erwerbes der Hausangehörigkeit zur Einführung; sie lassen aus der hausgesetzwidrigen Ehe auch keinerlei Successionsansprüche entstehen. Hieraus folgt: soferne die sie betreffenden Rechtsätze auch Voraussetzung der grundgesetzlichen Thronanwartschaftsrechte werden sollten, wurde für sie Wirkung auch ausserhalb des Hauses, gegenüber dem Staate in Anspruch genommen. Dazu bedurfte es der Zustimmung des Landtages. Vergl. auch Saxl S. 49, Tezner S. 66.

Das gleiche würde für die Hausgesetznovelle vom 19. Okt. 1904 gelten, da dieselbe in Art. 5 „bezüglich der Vermählungen von Prinzen und Prinzessinnen der (neu angegliederten) Nebenlinie die in den Art. 8 bis 10 des Hausgesetzes für die Mitglieder des grossherzoglichen Hauses getroffenen Bestimmungen" entsprechend ausdehnt. Die Vorschrift des Art. 14 ist nicht übernommen, weil die Angehörigen der neuen Nebenlinie keine Apanagen u. s. w. beziehen. Statt dessen verfügt Art. 8 der Novelle unter den Voraussetzungen jenes Art. 14 die Möglichkeit des Ausschlusses vom Familienrat bezw. Familientag.

III. Was dann die Frage der Ebenbürtigkeit angeht, so bestimmt Hausgesetz Art. 9: „Als ebenbürtig sind diejenigen Ehen zu betrachten, welche Mitglieder des grossherzoglichen Hauses unter sich eingehen oder mit Mitgliedern eines anderen souveränen Hauses oder 2) mit Mitgliedern solcher Häuser, welchen nach Art. 14 der Deutschen Bundesakte das Recht der Ebenbürtigkeit zusteht." Dazu kommen noch als Erschwerung: 1) die Personen müssen aus Ehen stammen, welche von den betreffenden hohen Familien als standesmässig anerkannt sind; 2) Mitglieder standesherrlicher Häuser gelten selbst dann nur unter der Voraussetzung für ebenbürtig, dass auch von seiten des betreffenden standesherrlichen Hauses Ebenbürtigkeit (d. h. hier Heirat mit einer hochadeligen Persönlichkeit) fortdauernd als ein Erfordernis für eine standesmässige Ehe angesehen wird. Vergl. hiezu „Modernes Fürstenrecht" S. 153.

Auch diese Rechtsätze schaffen für Oldenburg neues Hausrecht.

A. In meinem „Modernen Fürstenrecht" wurde dargetan, dass das gemeine Privatfürstenrecht, wie es heute noch gilt,[1]) für fürstliche und gräfliche Reichsstände der Einheitlichkeit entbehrt. Nur bei kurfürstlichen und altfürstlichen reichsständischen Häusern, d. h. solchen, welche Reichsstandschaft als Fürst vor dem Jahre 1600 erwarben, stelle im Zweifel auch die Ehe mit Angehörigen des niederen Adels eine Missheirat dar. Vergl. a. a. O. S. 164, 166.

Gleichzeitig gelangte zu der nämlichen Anschauung, wenigstens für die Zeit bis zum Jahre 1806, Anschütz, Der Fall Friesenhausen 1904 S. 112. Saxl a. a. O. S. 34 will sogar annehmen, dass auch für altfürstliche Häuser im Zweifel lediglich die Heirat

---

[1]) Tezner S. 45, 28, 30, 35 meint, kurz gesagt, das gemeine Deutsche Privatfürstenrecht bilde kein die Fürstenhäuser im Zweifel bindendes Recht, sondern besitze nur die Natur eines tatsächlich-wissenschaftlichen Auslegungsbehelfes. Das ist völlig unrichtig. Zutreffend ist die Meinung für das im 19. Jahrhundert neugeschaffene Fürstenrecht. Dies ist nur vergleichendes allgemeines Fürstenrecht. Wie hier, Rosin in Iherings Jahrbüchern (1893) Bd. 32 S. 343, Oertmann, Die standesherrl. Antonomie im heutigen deutschen bürgerl. Recht 1905 S. 12, 48, 103.

mit einer bürgerlichen Person unebenbürtig war und unebenbürtig sei. Der nämlichen Meinung ist Tezner, S. 30 Anm. 41, S. 37, 52.

Anschütz a. a. O. S. 112 findet die von mir gegebene „Begründung sehr eingehend“. Schön, Das kaiserliche Standeserhöhungsrecht und der Fall Friesenhausen, 1905 S. 137 dagegen glaubt, ich reihte nur Behauptung an Behauptung, brächte aber keine Beweise. M. E. scheidet Schön nicht genügend zwischen Beweisgründen und Beweisgründe unterstützenden Einzeltatsachen. Hinsichtlich letzterer schien mir genügend, auf das im Lippischen Schiedsspruche vom 22. Juni 1897 beigebrachte oder angezeigte Material hinzuweisen. Ich darf Schön auch versichern, dass die von ihm in seiner Monographie, Der Lippische Schiedsspruch und die Pinskersche Kritik 1899 S. 24, 28, 29 ff., gegen jene Meinung geltend gemachten Bedenken von meiner Seite reifliche Prüfung fanden, allein sie schienen mir nicht ausreichend, um die Überzeugung von der Richtigkeit der vom Schiedsspruch aufgenommenen Theorie zu erschüttern. Ihre stillschweigende Widerlegung ist in meinen Ausführungen enthalten, ihre ausdrückliche und ausführliche verbot die Einfügung der Ebenbürtigkeitslehre in ein grösseres Ganze.

Unterdessen blieb ich nicht säumig, die Streitfrage fort und fort zu untersuchen.

Die Anregung hiezu bot mir, von anderem abgesehen eine Untersuchung über „standesherrliches Prädikats- und Titelrecht“, zu welcher mir ein Auftrag des Vereines Deutscher Standesherren Veranlassung gab.

Der Ertrag dieser Forschungen, die ich wohl der Oeffentlichkeit werde übergeben dürfen, war für mich reich auch in Bezug auf die Ebenbürtigkeitsfrage.

Nur einen Punkt möchte ich, weil in diesen Zusammenhang gehörend, hier anführen.[1])

[1]) Ein anderer betrifft die Frage des Verhältnisses von Ebenbürtigkeitserklärung und staatlicher Standeserhöhung. Ich gelange in dieser Beziehung zu einer Verbesserung meiner im Modernen Fürstenrecht S. 206 niedergelegten Ansicht. Jede Erhebung zur Ebenbürtigkeit bedarf eines Doppelaktes: 1) der Erhebung in die erforderliche Adelsstufe, 2) der Verleihung der Hausmitgliedschaft an die standeserhöhte Persönlichkeit. Ersteres ist Staatsakt, denn sonst besässe das Haus ein Recht der Adelsverleihung, während dies jetzt ein Monopol des Staates darstellt, früher ein solches des Reiches bildete. Die Verleihungstätigkeit des Landesfürsten als Staatshaupt ist nur verdeckt, weil er zugleich als Familienhaupt (beim zweiten Akte) mitwirkt. Deutlich tritt der Doppelakt hervor bei Ebenbürtigkeitserhebungen in standesherrlichen Familien. — Die Notwendigkeit der Mitwirkung des Staates ist auch bei ebenbürtigen Ehen gegeben, soferne die Braut einem niedrigeren Stande angehört. Nur hat diese Mitwirkung hier schon vorgängig stattgefunden. Wenn der Staat in den Fürstenstand erhebt, so ver-

Darüber besteht wohl Einigkeit, dass die kritische Periode für Entscheidung der Ebenbürtigkeitskontroverse in den die Wahlkapitulation von 1742 umgebenden Jahren liegt.

Mehr als je ist gerade aber auch in diesem Zeitabschnitte hervorgetreten, dass zwischen den einzelnen Gruppen der Reichsstände ein weiter Abstand vorhanden war.

In den gleichen Jahren geschehen abschliessende Schritte in dem die Harmonie der Reichsstände schon mehr als ein Jahrhundert störenden Prädikatsstreite: Wer darf sich Durchlauchtigst, wer Durchlauchtig, Durchlauchtig-Hochgeboren oder Hochgeboren nennen?

Was die Prädikate betrifft, zu welchen der einzelne Reichsstand gegenüber dem Reiche berechtigt sein soll, so kam 1741 als Ende langer Verhandlungen ein allerdings ohne Rechtswirkung gebliebenes Gutachten der einfachen Reichsfürsten dahin zu stande, in die kaiserliche Wahlkapitulation möge an geeigneter Stelle der Satz Aufnahme finden: Aus der Reichskanzlei sollen erhalten „die regierenden unmittelbaren alten Fürsten: Durchlauchtiger — Kurfürsten besassen seit 1711 Durchlauchtigst —, die eigene Sitz und Stimme auf Reichstagen habenden neueren Fürsten: Durchlauchtig-Hochgebohrner, die regierenden Grafen und Herren, deren Häuser schon vor[1]) dem 17. Jahrhundert Sitz und Stimmrecht auf Reichs-

leiht er damit zugleich den jeweils ebenbürtigen Gemahlinnen der Zukunft und bei Verleihung des erblichen Fürstenstandes den Nachfolgern oder allen Abkömmlingen aus ebenbürtiger Ehe stillschweigend die Standeserhöhung. — Der Unterschied ist lediglich: bei Ebenbürtigkeitserklärungen ist ausdrückliche Ausdehnung der Verleihung erforderlich.

[1]) Hierauf und ebenso wiederholt auf Schroeder, Deutsche Rechtsgeschichte § 72 S. 821 (4. Aufl.) verweise ich besonders Kekule von Stradonitz. Kekule lässt bei Ausstellungen, die er an den Arbeiten anderer macht (Archiv f. öffl. Recht Bd. 19 [1904] S. 252, 256, 258), m. E. nicht jene massvolle Vorsicht walten, die in der juristischen Fachwelt erfreulicherweise die Regel bildet. Er muss sehen, dass ich Modernes Fürstenrecht S. 168 unter altem Adel nicht Ahnenadel verstehe. Er irrt, wenn er behauptet, den Gegensatz zu altem Adel bilde nur neuer. Die im Text angeführte Stelle beweist ihm auch dies, ebenso dass die Jahre 1582 und 1658 keine Unterscheidungsjahre darstellen. Ferner rechnet K. mir zur Schuld, dass ich a. a. O. S. 187 mit Schulze schreibe: „Eine stiftungsmässige Ahnenprobe ist niemals ein Institut des deutschen Fürstenrechtes gewesen.“ Leugne ich denn damit, dass es auch beim hohen Adel den Begriff des stiftungsmässigen Adels als Voraussetzung für den Genuss gewisser Würden gab? Aber das war dieser Begriff nirgends: Voraussetzung für Mitgliedschaft in hochadeligen Häusern und für den Erwerb der Landeshoheit. Stiftmässiger Adel ist ein Institut des Adels, aber nicht bloss des hohen Adels, somit nicht des Fürsten-, sondern des Adelsrechtes. Und endlich liest KV. in meinem Fürstenrecht S. 171 zu seinem Staunen, er, der in der Genealogie Bewanderte, Bonaparte sei nichtadeliger Herkunft. Ja war denn Napoleon, 1768 oder 1769 geboren, adeliger Herkunft, wenn sein Vater erst 1771 für den korsischen Adel Anerkennung erhielt? — Siehe hiezu Tezner a. a. O. S. 15 Anm. 8.

tagen hergebracht: Hochgebohrner, die übrigen Sitz und Stimme habenden Grafen und Herren: Hoch- und Wohlgeborner". Vergl. J. J. Moser, Wahlkapitulation Karls VII., 3. Teil 1744 S. 46.

Für das Verhältnis der Fürsten untereinander vereinbarten die Komitialgesandten der korrespondierenden altfürstlichen Häuser wegen des gegen neue Fürsten zu beobachtenden Zeremoniells am 14. Dez. 1746 eine feste Prädikatsordnung. Bei Carl Friedrich von Moser, Teutsches Hofrecht Bd. I (1754) Beilagen S. 12 f. sind die Beschlüsse zu finden. In ihnen wird sehr scharf zwischen „älteren neuen Fürsten" und „neuen Fürsten letzterer Creation" d. h. jüngerer Verleihung unterschieden. Korrespondierende Fürsten hiessen nach dem Zeugnis J. J. Mosers, Teutsches Staatsrecht Teil XXXVI S. 235 diejenigen einfachen Fürsten, welche sich vor anderen die Aufrechterhaltung der Rechte des Reichsfürstenstandes angelegen sein liessen.

Wenn derartige Unterschiede hinsichtlich des Prädikatsrechtes gemacht werden, unterliegt bei dem nahen Zusammenhang von Prädikat, Rang und Ebenbürtigkeit — man vergegenwärtige sich zum Beweise hiefür nur den Wortlaut der Bundesbeschlüsse von 1825 und 1829 über die den Standesherren wegen ihrer Ebenbürtigkeit zu erteilenden Ränge und Prädikate -- m. E. keinem Bedenken, dass die nämlichen Unterschiede in Bezug auf Ebenbürtigkeit obwalteten.

B. Da nach alledem es Regel war, dass für neufürstliche und gräfliche Häuser niederer Adel zur Standesmässigkeit genügte, konnte infolge besonderer Verhältnisse begegnen, dass nach speziellem Hausrecht auch bei altfürstlichen Familien niedriger Adel als Ebenbürtigkeitsgrund ausreichte.

Nach den unbestrittenen Untersuchungen von Samwer a. a. O. S. 115, welche sogar das Kronsyndikatsgutachten vom 11. Sept. 1865 S. 91 zu bestätigen nicht umhin konnte – vergl. auch Schulze a. a. O. Bd. III S. 616 und Saxl S. 35 ff. –, muss es als feststehende Tatsache erachtet werden, dass in dem altfürstlichen Hause Holstein Ehen mit Angehörigen des niederen Adels für standesgemäss galten.[1]) Der Grund für diese irreguläre Erscheinung (vergl. Fürstenrecht S. 168) liegt in der Vielzahl von nicht vollregierenden, halbregierenden („abgeteilten") Herren oder Linien.

---

[1]) Siehe auch Zöpfl, Über Missheiraten 1853; Laband, Thronfolge im Fürstentum Lippe 1891 S. 12; Tezner S. 55 ff. Die diesbezügliche Observanz fand bereits durch Definitivausspruch des Reichshofrates vom 11. Sept. 1731, betreffend die Ehe Christian Karls, Herzogs zu Sonderburg-Norburg, mit Dorothea Christine von Aichelberg, auch reichsgerichtliche Anerkennung. Siehe Samwer S. 124 ff., Kronsyndikatsgutachten S. 96 ff. und v. Weyhe-Eimke, Rechtmässige Ehen des hohen Adels u. s. w. 1895 S. 68 ff.

Man vergleiche den Stammbaum in den Annalen 1904 S. 328.

Von allen Linien besassen nur drei Reichsstandschaft: Holstein-Glückstadt, Holstein-Gottorp und schliesslich noch Holstein-Plön. Vergl. auch Kronsyndikatsgutachten S. 101 unten; ferner Tezner S. 26.

Für das ganze Haus stand einheitliches Ebenburtsrecht in Geltung. 1773 erwarb Holstein-Glückstadt(-Dänemark) im Wege des Tausches den Gottorper Anteil an Holstein. An sich würde es damit auch die Virilstimme von Holstein-Gottorp erlangt haben, da das Stimmrecht am Lande haftete. Allein es war vereinbart, eine Übertragung der Stimme auf die von Holstein-Gottorp gegen seinen Anteil an Holstein eingetauschten Grafschaften Oldenburg und Delmenhorst zu erwirken. Letztere wurden durch kaiserliches Diplom vom 29. Dez. 1774 zu einem Herzogtum des heiligen römischen Reiches und fürstlichen Thronlehen unter dem Namen Oldenburg erhoben und durch Beschluss der beiden Reichskollegien vom 15. Mai 1778 und kaiserliches Ratifikationsdekret vom 10. Juni 1778 geschah jene Übertragung. Vergl. Schulze a. a. O. Bd. II S. 378 und Bornhak, Archiv f. öffentl. Recht Bd. 19 S. 205.

Die Holstein-Gottorpsche Stimme im Reichsfürstenrat hiess von nun an Holstein-Oldenburg. In der Aufrufordnung für das Reichsfürstenkollegium, wie sie der Reichsdeputationshauptschluss von 1803 § 32 noch einmal feststellte, ist die 50. Stimme Wirtemberg, die 52. Holstein-Glückstadt, die 54. Holstein-Oldenburg, die 56. Mecklenburg-Schwerin, die 60. Hessen-Darmstadt, die 62. Hessen Kassel, die 65. — seit 1761 von Holstein-Glückstadt besessen — Holstein-Plön, die 73. Anhalt u. s. w.

In dem Namen Holstein-Oldenburg schon lag der Fortbestand des Holsteinischen Ebenburtsrechts angedeutet. Abgesehen davon war in den Austauschverträgen zwischen Holstein-Glückstadt und Holstein-Gottorp von 1767 und 1773 auch der Übergang der Holsteinischen Successionsordnung verabredet. Vergl. Annalen 1904 S. 582.

C. Somit galt auch im Herzoglichen Hause Holstein-Oldenburg das dargelegte leichtere Ebenbürtigkeitsprincip.

Hieran änderte auch der Erwerb der Souveränität im Jahre 1806 und Art. 14 der Bundesakte nichts. Vergl. Tezner S. 52 f.

Ersteres beweist die Tatsache, dass im Verkehr der ehemals reichsständischen Häuser untereinander trotz Gleichheit der Staatshoheit heute noch der Gegensatz von alt- und neufürstlicher Reichsstandschaft, von reichsständisch-reichsgräflichen, titular-reichsfürstlichen und anderen reichsadeligen Familien die Rangordnungsgrundsätze beherrscht. Das geltende preussische „Hof-Rang-Reglement“

vom 19. Jan. 1878 (3. Aufl. 1903: Abschn. X des Ceremonialbuches für den preuss. Hof) gründet jetzt noch auf die genannten Gegensätze die Rangunterschiede zwischen den regierenden und depossedierten deutschen Fürstenhäuser (a. a. O. S. 53 f.). Die neufürstlichen Häuser Hohenzollern, Waldeck, Liechtenstein, Schwarzburg folgen sich z. B. im Hofrang nach dem Zeitpunkt ihrer Einführung in den Reichsfürstenrat. Bei dem nahen Zusammenhang zwischen Ebenburt und Rang ein starker Beweis, dass die staatsrechtliche Neugestaltung Deutschlands im Jahre 1806 und 1815 die Ebenbürtigkeitsgrundsätze nicht berührte.

Das gleiche gilt für Bundesakte Art. 14.

Hier lesen wir: „Die ehemaligen reichsständischen Fürstlichen und Gräflichen Häuser werden fortan nichtsdestoweniger, d. h. trotz ihrer Mediatisierung, zu dem hohen Adel in Deutschland gerechnet, und verbleibt ihnen das Recht der Ebenbürtigkeit." Allein hieraus folgt nicht: dem niederen Adel, soweit er es besitzt, verbleibt das Recht nicht. Die Ebenbürtigkeit jener Familien verpflichtet sich jedes bundesfürstliche Haus anzuerkennen. Die Ebenbürtigkeit des niederen Adels gilt nur da fort, wo sie bisher in Geltung stand. Vergl. auch Klüber, Abhandlungen und Beobachtungen für Geschichtskunde u. s. w. Bd. I (1830) S. 280 ff.; Tezner S. 50 f.

Gewiss regte Art. 14 der Bundesakte dazu an, die Ebenburt des niederen Adels haus- oder staatsgesetzlich auszuschliessen, wo sie bestand. Aber es bedurfte hiezu eines abändernden Gesetzes oder Gewohnheitsrechtes.

Würde der Gedanke der Verbündeten 1815 gewesen sein, die Ebenbürtigkeit solle von jetzt an für alle regierenden Häuser auf den hohen Adel beschränkt, die Standesmässigkeit des niederen Adels aufgehoben sein, so wäre nicht erklärlich, wie das damals noch regierende neufürstliche Haus Hohenzollern-Sigmaringen in seinem wenige Jahre nachher erlassenen Hausgesetze vom 24. Jan. 1821 Tit. IV § 10 als ebenbürtig auch Familien des niederen Adels zuliess (Fürstenrecht S. 152), andere Herrscher-Familien erst nach Jahrzehnten oder bis heute noch nicht zu einer Einschränkung ihrer alten Ebenburtbestimmungen gelangten, und keine der damaligen Verfassungen, welche die Ebenbürtigkeit als Thronfolgevoraussetzung ausdrücklich erwähnen, dies mit dem Hinzufügen tat, als ebenbürtig kämen neben regierenden nur standesherrliche Häuser in Betracht.

Jedenfalls fehlte im Staate Oldenburg die Annahme, dass Art. 14 der Bundesakte von selbst das Ebenbürtigkeitsrecht des Hauses geändert habe. Denn gerade der erst 1829 verstorbene regierende Herzog Peter Friedrich Ludwig, der Stammvater des Grossherzoglichen Hauses, entspross mittelbar aus einem mit einer Dame des niederen Adels geschlossenen Ehebunde. Sein Vater Georg Ludwig von Gottorp heiratete am 1. Jan. 1750 die Tochter Sophie Charlotte des Herzogs Friedrich Wilhelm von Sonderburg-Beck (heute: Glücksburg), aus dessen am 3. Dez. 1721 geschlossener Ehe mit Ursula Anna Gräfin zu Dohna. Seine Grossmutter mütterlicherseits gehörte also dem niederen Adel an. Vergl. Samwer S. 128, 130, 135, Kronsyndikatsgutachten S. 103, Weyhe-Eimke, Tafel XVIII. Wollte in Oldenburg das Ebenbürtigkeitsrecht geändert werden, so bedurfte es einer ausdrücklichen Kundgebung.

D) Eine solche erfolgte nicht. Daher galt im Grossherzoglichen Hause holsteinisches Ebenbürtigkeitsprinzip auch noch bei Erlass der Verfassungen von 1849 und 1852. Dasselbe ist demgemäss, wie in § 10 dargetan, vermittelst des Wortes „Mannesstamm" integrierender Bestandteil des oldenburgischen Staatsgrundgesetzes geworden und vermochte deshalb hausgesetzlich nicht ohne ständische Mitwirkung geändert zu werden, wenn die Absicht bestand, damit zugleich die grundgesetzlichen Voraussetzungen der Thronfolgefähigkeit einzuengen.

Nach alledem verliert diese Fähigkeit, grundgesetzlich zur Thronfolge berufen zu sein nicht, wer die grundgesetzlichen Bedingungen derselben in seiner Person erfüllt, mag er auch denjenigen eines späteren strengeren Hausrechtes nicht genügen. Vergl. Saxl S. 48 und besonders Tezner S. 67.

IV. Hier ist die Stelle, um einen in seiner Tragweite früher mit Absicht nicht gewürdigten Punkt aus der Entstehungsgeschichte des Staatsgrundgesetzes nachzutragen.

Auf S. 46 führten wir die Darlegungen an, mit welchen am 13. Sept. 1848 der Regierungsvertreter Bucholtz sich gegen den Vorschlag des Verfassungsausschusses wandte, die Bestimmung des Entwurfes: „Im übrigen werden die Verhältnisse des Grossherzoglichen Hauses vom Grossherzog hausgesetzlich bestimmt" zu streichen.

Der Regierungskommissär erklärte, es sei zweckmässig, im Gesetze ausdrücklich zu sagen, der Grossherzog könne die Verhältnisse des landesherrlichen Hauses hausgesetzlich regeln, damit die Befugnis nie von Familienangehörigen angezweifelt werde.

Hieraus geht hervor, dass die Regierung im Gegensatze zu der späteren Zeit der Ausarbeitung des Hausgesetzes von 1872 (hierüber Jansen a. a. O. S. 108 f.) damals der Anschauung war, der Grossherzog vermöge ohne Mitwirkung der Agnaten Hausgesetze zu erlassen.

Nun wusste man in jenem Zeitraum ganz genau, dass nach bisherigem Hausrecht niederer Adel zur Ebenbürtigkeit ausreichte.

Auf alle Fälle hatte dies K. Samwer in der erst vier Jahre zuvor erschienenen Studie über „die Staatserbfolge der Herzogtümer Schleswig-Holstein" klar und deutlich vor Augen geführt. Wie in aller Welt konnte da beabsichtigt sein, dem Grossherzog allein die Macht zu übertragen, zukünftige Abkömmlinge des Stammvaters des Hauses durch Steigerung der Ebenbürtigkeitserfordernisse nach Willkür von der Staatserbfolge auszuschliessen! Wie wäre eine solche Absicht bei einer Regierung denkbar gewesen, welche nicht müde wurde, gegenüber der anderen Auffassung der Volksvertretung (s. oben S. 48) immer wieder zu erklären, durch Staatsgesetz könne in bestehende Agnatenrechte nicht eingegriffen werden (oben S. 20)! Und hier sollte der Grossherzog ermächtigt werden, ohne Zustimmung von Volksvertretung und auch nur von Agnaten künftigen Abkömmlingen des fürstlichen Stammvaters den Erwerb der Successionsfähigkeit beliebig zu erschweren?

Die Ungeheuerlichkeit dieser Konsequenzen lässt gar nichts anderes zu als festzustellen: nur eine Regelung des Hausverhältnisses nach innen, der inneren Familienverhältnisse wollte dem Grossherzoge überlassen werden. Nur um eine Befugnis des Familienhauptes gegenüber den Familiengliedern ausser Anzweiflung zu stellen, nicht um ihn eine auch gegenüber dem Staat wirkende Berechtigung einzuräumen, wurde jener Passus in den Entwurf aufgenommen und im Gesetze belassen.

§ 12.

Die Verfassungsmässigkeit des Oldenburger Hausgesetzes.

I. Bislang stellten wir fest: das Hausgesetz konnte landesfürstlichen Heiratskonsens und Ausschluss des niederen Adels von der Ebenbürtigkeit ohne ständische Zustimmung nicht zu Erfordernissen grundgesetzlicher Thronfolgeberechtigung für Oldenburg erheben.

A) Aber das oldenburgische Hausgesetz vom 1. Sept. 1872 wollte dies auch gar nicht.

Der Rechtsgrund der Staatserbfolge vermag ein doppelter zu sein, ein staats- und ein hausgesetzlicher. Die Staatssuccession bildet ein Recht gegenüber dem Staate wie gegenüber dem Hause. Es gibt eine grundgesetzliche und eine hausgesetzliche Regierungsanwartschaft.[1]) Soferne das Hausgesetz

[1]) Gegenüber den Einwendungen Tezners a. a. O. S. 20 Anm. 21, S. 21 u. 59ff., 65f., 124, möchte ich bemerken: das Hausrecht bildet insoferne einen besonderen Teil des öffentlichen Rechts; einen anderen bildet das Staatsrecht. Vergl. Modernes Fürstenrecht S. 7. Dagegen sprechen auch nicht nachstehende

vorkonstitutionellen Ursprunges ist, stellt es sogar gegenüber dem landesstaatlichen Thronfolgegesetz eine unabhängige Rechtsquelle dar. Darüber Fürstenrecht S. 1 ff.

Vom ersten bis zum letzten Artikel reguliert das Hausgesetz lediglich die Beziehungen der Mitglieder des Hauses zu diesem und seinen Organen, dem Haupte und dem Familienrat. Als Grund des Erlasses der neuen Hausverfassung bezeichnet ihr Eingang ferner vor allem, dass die für die jüngere Linie des Herzoglichen Hauses Schleswig-Holstein-Gottorp in Geltung bestehenden haus- und familienrechtlichen Satzungen in manchen Punkten den gegenwärtigen Verhältnissen und Bedürfnissen nicht mehr entsprechen.

Demgemäss ist von den hausgesetzwidrigen Ehen, d. h. den Ehen, welche ohne Einholung oder trotz Versagung der landesfürstlichen Einwilligung oder mit nach diesem Hausgesetze unebenbürtigen Personen geschlossen wurden, in Art. 11 lediglich bemerkt: „Sie begründen dem grossherzoglichen Hause gegenüber keinerlei Successionsansprüche". Mit keinem Worte ist ausgesprochen, dass ohne jenen Konsens oder mit nach jenem Gesetze unstandesgemässen Persönlichkeiten geschlossene Heiraten gegenüber dem Staate keine Successionsansprüche begründen. Vergl. hiezu auch Tezner S. 67 Anm. 110 und S. 93.

Hiemit ist anerkannt, dass darüber, ob eine Ehe grundgesetzliches Thronfolgerecht zu erzeugen vermag, ausschliesslich und allein das Grundgesetz entscheidet. Nach diesem bedarf es aber zur Successionsfähigkeit lediglich der Abstammung aus Ehen mit Damen des niederen Adels und keiner landesfürstlichen Eheerlaubnis.

B) Das gleiche ist bezüglich des in dieser Hinsicht völlig auf dem Abkommen vom 29. Mai 1904 fussenden Zusatzgesetzes zum Hausgesetze vom 19. Okt. 1904 zu sagen, was die Notwendigkeit der landesherrlichen Eheerlaubnis als Voraussetzung des Successionsrechtes angeht. Denn gemäss Art. 5 daselbst „begründet eine im Widerspruch mit den Bestimmungen des Art. 8 bis 10 des Haus-

---

Tatsachen aus Ungarn. Durch ungar. Gesetzes-Artikel III: 1867 stillschweigend und durch G. A. XXIV: 1900 (betr. die Inartikulierung der Deklaration des Erzherzogs Franz Ferdinand über seine Ehe mit Gräfin Chotek) ausdrücklich wurde für Ungarn bestimmt, „dass die in G. A. I und II: 1723 (pragmatische Sanktion) enthaltene Regelung der Thronfolgeordnung ihrem Ursprunge wie ihrem Inhalte nach eine völlig selbständige sei", d. h. die einzige Quelle der Staatserbfolge in Ungarn bilde. Bis zum Beweis des Gegenteils ist davon auszugehen, dass der König von Ungarn jenen Gesetzesartikeln seine Zustimmung nicht gab, ohne sich vorher der Einwilligung der Agnaten des Königshauses zu versichern. Durch Hausgesetzgebungsakt verzichtete die Königsfamilie also auf Gleichordnung ihrer hausrechtlichen Thronfolgebestimmungen mit dem ungarischen Staatsrecht.

gesetzes vom 1. Sept. 1872 (Art. 8: Konsens, 9: Ebenbürtigkeit; 10: Genehmigung der Eheverträge) geschlossene Ehe für den angeheirateten Gatten und die in solcher Ehe erzeugten Kinder keinerlei Beziehungen zum grossherzoglichen Hause; insbesondere sind dieselben . . . von der Staatserbfolge ausgeschlossen."

Die Novelle geht insoferne über das Hausgesetz von 1872 hinaus, als nach ihr die Ehe eines Mitgliedes der neuen Nebenlinie auch im Falle, dass sie ebenbürtig und landesfürstlich genehmigt im Sinne des Hausgesetzes ist, unter Umständen keine Beziehungen zum grossherzoglichen Hause begründet, nämlich dann, wenn nicht auch der Ehevertrag die Genehmigung des Grossherzogs erhielt. Auch diese Besonderheit beruht auf der Vereinbarung vom 29. Mai 1904.

Dagegen beruht keineswegs auf der Hausgesetznovelle, dass bei Mitgliedern der neuen Nebenlinie Verheiratung mit einer Dame niederen Adels den Abkömmlingen hieraus keine grundgesetzliche Thronfolgeberechtigung verleiht.

Dieser Rechtsatz steht vielmehr in Kraft, weil eine Novelle zum Staatsgrundgesetz, somit ein Staatsgesetz, dasjenige vom 19. Okt. 1904, bestimmt: „Die Ebenbürtigkeit bestimmt sich nach den Vorschriften des Hausgesetzes des grossherzoglichen Hauses."

II. Nehmen wir einen Augenblick an, das Hausgesetz wollte die Successionsberechtigung auch gegenüber dem Staate, wollte auch die grundgesetzliche Berufung zur Staatserbfolge von seinen neuen schwereren Bedingungen abhängig machen, so kann daraus, dass Herzog Elimar dem Hausgesetze zustimmte, nicht abgeleitet werden, dass er für seine damals noch nicht erzeugten Nachkommen auf Erwerb der grundgesetzlichen Nachfolgebefähigung mittels der geringeren Erfordernisse des Staatsgrundgesetzes verzichten wollte. Denn keineswegs lässt jene Tatsache mit Sicherheit den Schluss zu, dass Herzog Elimar dem Hausgesetze beigetreten wäre, wenn er gewusst hätte, er verzichte dadurch für seinen Stamm auf Geltendmachung der trotzdem noch unter den bisherigen leichteren Bedingungen zu erwerbenden grundgesetzlichen Nachfolgeberechtigung. Vergl. auch Tezner S. 99f.

Noch weniger lässt sich annehmen, durch die agnatische Zustimmung Herzog Elimars habe seiner Linie gegenüber das Hausgesetz vom 1. Sept. 1872 die Kraft erhalten, das entgegenstehende Staatsgrundgesetz abzuändern. Was das ganze Haus nicht vermag, geht umsomehr über die Kraft eines einzelnen Agnaten.

III. Keiner Ausführung bedarf, dass ein neues Staatsgrundgesetz, welches den Bestimmungen des Hausgesetzes Art. 8 und 9 auch Rechtswirkung für die grundgesetzliche Staatserbfolge verliehe, selbst wenn es sich rückwirkende Macht beilegte, die Successionsrechte der Linie des Herzogs Elimar nicht zu vernichten vermöchte, denn sie beruhen auf vorkonstitutionellem Hausrechte, welches durch Landesstaatsrecht verletzt, aber nicht beseitigt zu werden vermag. Vergl. auch Saxl S. 49.

Ausser allem Zweifel steht, dass die Thronfolgenovelle vom 19. Okt. 1904 auch nicht die leiseste Absicht hatte, das was sie an Thronfolgefähigkeits-Voraussetzungen für die Glücksburger Nebenlinie festsetzte, stillschweigend auch für die Thronfolgefähigkeit der Nachkommen Herzog Peter Friedrich Ludwigs einzuführen. Der Wortlaut des Gesetzes verbietet jede solche Schlussfolgerung. Vergl. hiezu auch Tezner S. 93. Man war felsenfest davon überzeugt, jene Nachkommen unterstünden denselben Erfordernissen auch mit Wirkung für die grundgesetzliche Erbfolgeberechtigung bereits seit Erlass des Hausgesetzes.

IV. Erwähnt seien zum Schluss noch folgende drei spezielle Punkte.

Der Adel der Mutter des Grafen Alexander von Welsburg geht auf das Jahr 1789 zurück. Fräulein Natalie Vogel, Freiin von Friesenhof wurde 8. April 1854 als Tochter des Gustav Freiherrn von Friesenhof und seiner Gemahlin Alexandra Nikolajewna Gontscharow zu Wien geboren. Gustav Baron von Friesenhof war der Sohn des vom Kaiser des alten deutschen Reiches am 19. Dez. 1789 mit dem Prädikate von Friesenhof in den erblichen Freiherrnstand erhobenen Johann Michael Vogel.

Herzog Elimar hat jederzeit den vom grossherzoglichen Hause für seine Gemahlin angebotenen Titel einer „Gräfin von Welsburg" zurückgewiesen.

Nach dem Tode des Herzogs wurde der Witwe für ihre Kinder — die Tochter Friederike starb 1901 — vom Grossherzog wiederholt die Annahme des gräflichen Titels von Welsburg nahegelegt. Die Mutter-Witwe nahm in dem Bewusstsein an, dass damit den Rechten ihres damals noch minderjährigen Sohnes auf Nachfolge im Grossherzogtum nicht vorgegriffen werde. Ein Spezialvormund wirkte nicht mit. Vergl. auch Saxl S. 3, Tezner S. 10 ff., 96 ff.

Dritter Teil.

Schlussbetrachtung.

§ 13.

Gesamtergebnis.

Wir fassen die gefundenen Resultate kurz zusammen.

I. A. Die Verleihung eines grundgesetzlichen Thronfolgerechtes an den Mannsstamm des 1885 verstorbenen Herzogs Friedrich zu Holstein-Glücksburg durch Verfassungsgesetz vom 19. Okt. 1904 ist ungültig, weil Landesstaatsrecht altes Hausrecht nicht aufzuheben vermag.

B. Die Abtretung ihrer grund- und hausgesetzlichen bezw. nur hausrechtlichen Nachfolgeansprüche an den Mannsstamm des genannten Glücksburger Herzogs durch die in Russland lebende Nebenlinie des grossherzoglichen Hauses bezw. durch das russische Kaiserhaus ist ungültig, weil solche Abtretungen unter Übergehung näher berechtigter älterer Linien hausrechtlich unzulässig sind.

C. Das Hausgesetz vom 1. Sept. 1872 konnte und wollte nicht die Bedingungen der grundgesetzlichen Berufung zur Staatserbfolge erweitern und erschweren.

D. Die Novelle zu diesem Hausgesetze vom 9. Okt. 1904 war nicht im stande, die Mitglieder der angegliederten neuen Nebenlinie Oldenburg-Glücksburg zu Prinzen und Prinzessinnen des grossherzoglichen Hauses im Sinne der oldenburgischen Staatsgesetze zu machen.

II. Das für Oldenburg wirklich geltende Thronfolgerecht beruft die Angehörigen des Holsteinischen Fürstenhauses in nachstehender Reihe und nachstehendem Umfange zur Staatserbfolge:

1) für das ganze Grossherzogtum: Erbgrossherzog Nikolaus

2) „ „ „ „ : Herzog Georg, den Bruder des Grossherzogs,

3) für das ganze Grossherzogtum: Graf Alexander von Welsburg, den Sohn des Onkels des Grossherzogs,

4) „ „ „ „ : die russische Nebenlinie des grossherzoglichen Hauses,

5) für die Grafschaften Oldenburg, Delmenhorst und das Stad- und Butjadinger Land

a) zunächst die ältere Sonderburger Linie Augustenburg: Ernst Günther zu Schleswig-Holstein und seine Agnaten,

b) darnach die jüngere Sonderburger Linie Glücksburg und zwar alle Agnaten derselben, nicht bloss die der ältesten Unterlinie, demgemäss auch das dänische Königshaus,

6) für die übrigen Teile des Herzogtums Oldenburg (Vechta, Kloppenburg, Wildeshausen, Jever u. s. w.) und hinter dem Sonderburger Hause für jene unter 5 genannten Gebiete: die jüngere Gottorper Linie (das russische Kaiserhaus),

7) hinter dem russischen Kaiserhause für die genannten übrigen Teile des Herzogtums: die ältere und dann die jüngere Sonderburger Linie, also Augustenburg bezw. Glücksburg.

§ 14.

Besonderes und Allgemeines.

I. Um was es sich auf diesen Blättern besonders handelte, war der Nachweis der Successionsberechtigung des Grafen Alexander von Welsburg. Eine Vielzahl von Einzelgründen ist es, welche dartun, dass, wie auch sonst sehr oft im Leben, im Gebiete der Rechtserscheinungen das erste oberflächliche Ansehen trügt. Jedes genauere Studium der Angelegenheit zwingt geradezu zu dem Ergebnis: der Sohn des Herzogs Elimar von Oldenburg besitzt ein festgegründetes Anrecht auf den oldenburgischen Thron, obwohl er mütterlicherseits seine Abkunft nur aus niedrigem Reichsadel abzuleiten vermag.

Entgegengesetzter Anschauung ist die oldenburger Staatsleitung.

Die Rechte des Grafen von Welsburg wurden durch die jüngste Oldenburger Thronfolgevorlage ja in keiner Weise berührt. Absicht letzterer war nicht im geringsten, Anwartschaften von Nachkommen Herzog Peter Friedrich Ludwigs zu nahe zu treten. Erst hinter dem Mannesstamme dieses Fürsten ist das Haus Glücksburg berufen. Trotzdem hielt es Graf von Welsburg für angezeigt, im letzten Stadium der parlamentarischen Behandlung jener Vorlage noch gegenüber dem grossherzoglichen Hause, dem Ministerium und dem Landtage in Oldenburg sein gutes Recht am Throne zu betonen. Am 16. Okt. 1904, einen Tag vor der zweiten und letzten Lesung des Gesetzentwurfes im Parlamente, machte der Vertreter des Grafen entsprechende Eingaben an das oldenburgische Staatsministerium und die Landstände. Das Präsidium der letzteren erwiderte hierauf nur formell — am 17. Okt. —, die Eingabe sei so spät eingegangen, dass eine angemessene Erledigung derselben in der gegenwärtigen am 19. Okt. zu schliessenden Tagung des Landtages nicht mehr möglich erscheine. Dem Landtagsplenum wurde sie gar nicht mehr unterbreitet (Tezner S. 93). Das grossherzogliche Staatsministerium, Departement des grossherzoglichen Hauses und der auswärtigen Angelegenheiten, sah sich, trotzdem die Eingabe mit einer umfassenden Denkschrift versehen war, bereits nach fünf Tagen in der Lage, im höchsten Auftrage zu erwidern, die Thronfolgeansprüche des Grafen von Welsburg „entbehrten jeglicher rechtlichen Grundlage, sie widersprächen durchaus dem Hausgesetze von 1872 und könnten daher keine Anerkennung finden.“

II. Von einem allgemeinen Standpunkte aus betrachtet, bildet auch vorliegender Streitfall einen Mahner dafür, dass es im Interesse des monarchischen Prinzips dringend notwendig ist, die Frage der Ebenbürtigkeitsstreitigkeiten aus der Welt zu schaffen. Nur im äussersten Falle möchte ich hierzu, wie zum Zwecke des Ausschlusses Nichtdeutscher von der Regierungsnachfolge in Deutschland, den Weg der Reichsgesetzgebung nach Art. 78 der Reichsverfassung beschritten sehen. Ich meine, es müsste auch ohne dies möglich sein, in Deutschland und Österreich zu erreichen, was ausser in Russland sonst überall in Staaten mit monarchischen Staatsoberhäuptern Rechtens ist. Erscheint in England, den nordischen Reichen, Spanien, Italien, Portugal u. s. w. die Einrichtung der landesfürstlichen Heiratserlaubnis als ausreichend, so kann anderes auch in Deutschland nicht erforderlich bleiben. Im letzten Ende erweisen sich, wie betrübende Erscheinungen jüngster Vergangenheit zeigen, alle Rechtsvorkehrungen als ohnmächtig. Sicheren Schutz gegen Ehen, welche dem Ansehen von Person, Familie und Staat schaden, bietet allein der hohe Adel der Gesinnung.

Was abgesehen davon aber zur Beseitigung des Ebenburtsprinzipes als eines Rechtsinstitutes drängt, das ist der für das Ehrgefühl des eigenen Volkes so beschämende Widerspruch, welcher in der rechtlichen Ebenbürtigkeitsordnung liegt. Zu vollem Bewusstsein bringt ihn, angeregt durch die impulsiven Debatten im ungarischen Abgeordnetenhause im Jahre 1900, in der S. 1 genannten Studie (S. 23 ff., 29, 48) Tezner. Ich selbst hatte ihn auch schon betont, insbesondere in der „Woche" Nr. 28 vom Jahre 1900. Trotzdem vermochte ich ihm in meinem „Modernen Fürstenrecht" S. 173 und 177 noch nicht durchschlagende Kraft beizumessen. Die packenden Worte Tezners haben mich gewonnen. Warum sollen die Töchter des eigenen Landes nur dann fähig sein, zur Gemahlin des Herrschers erhoben zu werden, wenn sie aus altem Geburtsadel stammen, wo den Töchtern fremder regierender Familien der Weg hierzu selbst in dem Falle offen steht, dass es dem Geschlechte, aus welchem sie entsprossen, an jeder Weihe des Alters und des Ansehens gebricht, demselben erst vor Kurzem, vielleicht aus abenteuerlicher Herkunft, das Aufsteigen zur Würde eines Regentenhauses gelang?

www.ingramcontent.com/pod-product-compliance
Lightning Source LLC
LaVergne TN
LVHW081342011026
849161LV00013BB/2980
9783112689998